OverHoop

Jaleesa Malakusea

OverHoop

Uitgeverij Verba

Dit boek is mede mogelijk gemaakt door de Doe Een Wens Stichting.
Een gedeelte van de opbrengst van dit boek gaat naar de Doe Een Wens Stichting.
Voor meer informatie: www.doeeenwens.nl

Tweede druk: februari 2008
© Jaleesa Malakusea, 2008
© voor deze uitgave: Verba b.v., Soest, 2008

De uitgever dankt de navolgende bedrijven voor hun bijdrage aan dit project:
Omslagontwerp en opmaak binnenwerk: www.zwietart.nl, Zwolle
Druk: Drukkerij Bariet, Ruinen
Bindwerk: Boekbinderij De Ruiter BV, Zwolle
Distributie: RuitenbergBoek, www.uitgeverijverba.nl
Foto omslag: Erasmus MC Rotterdam, Bouwbedrijf van Eesteren
Foto auteur: Jaleesa Malakusea

Wees Maar Niet Bang: Tekst: Guus Meeuwis en Jan David Batenburg
Muziek: Guus Meeuwis / © Solid Publishing B.V.
Hé Zon: Tekst: Guus Meeuwis & Jan Willem Rozenboom
Muziek: Guus Meeuwis / © Universal Music Publishing B.V.

NUR 402
ISBN 978-90-5513-838-8

Voor papa en mama, met al mijn liefde.

Wees maar niet bang
Overwin dat gevoel
Het gaat niet vanzelf
Ik weet precies wat je bedoelt

Nu heb je angst
Weet je niet hoe het moet
Wees maar niet bang
Het komt vanzelf weer goed

Guus Meeuwis, Wees maar niet bang

Wat je vooraf moet weten

Een beetje ingewikkeld is mijn leven altijd al geweest. Mijn ouders zijn gescheiden toen ik zes was. Ik kan me nog heel goed herinneren hoe ik reageerde, ik huilde bijna mijn longetjes mijn lijf uit, en sloeg met mijn vuist op het grote bed van papa en mama, want het mocht niet, het mocht niet! Nu besef ik wel dat het alleen maar goed is, maar het verdriet zal altijd blijven. Uniek als het is, zijn mijn ouders nog wel mekaars beste maatjes, en dat vind ik iets heel kostbaars en moois. Ze zijn nu allebei gelukkig met een andere partner en als zij het zijn ben ik het ook. Mama woont samen met haar vriend Frans, doordeweeks woon ik er ook en Juul en Jos, de dochters van Frans komen in de weekenden. En in de weekenden ben ik bij papa. Ietwat ingewikkeld dus. Papa heeft zijn geluk ook gevonden, in Ingrid, en ik mag daar mijn stukje geluk van meepikken. Gelukkig.

Ingrid heeft ook kinderen, Anouk, Sven en Jeroen een beetje, hij is de vriend van Anouk.

Omdat we bij Frans gingen wonen, ging ik ook naar een andere school. En dat moest gewoon zo zijn, want daar heb ik mijn twee allerbeste vriendinnen leren kennen, Margit en Lieke. Margit was vanaf het moment dat ik mijn nieuwe school binnenstapte, mijn nieuwe harstvriendin. Tijden van samen afspreken, feestjes geven, urenlang kletsen, hartskettinkjes en giechelen braken aan. Dat laatste zijn we nog steeds niet verleerd.

Minder leuk was het nieuws dat Lieke vertelde in groep 8. Haar moeder, Marjoke, was ziek, ze had kanker. Een kloteperiode brak aan, we probeerden er met zijn allen zo goed mogelijk te zijn voor Lieke, en gelukkig, ze was en is zo ontzettend sterk en daar ben ik keitrots op.

Maar toen gebeurde het, 6 maart, de dag dat Marjoke overleed. Die ochtend ging de telefoon en ik voelde het al, zo snel als we konden gingen Margit en ik naar Lieke toe. Er hing zo'n opvallend rustige en goede sfeer in hun huis, ik werd helemaal warm toen ik binnenkwam. Er was allemaal familie en tante Nicolette vertelde ons het mooiste

6

verhaal dat ik ooit had gehoord. Toen Marjoke de vorige dagen boven op bed lag, kwam er iedere dag een klein vogeltje, een koolmeesje, met zijn snaveltje op haar slaapkamerraam tikken. Iedere ochtend kwam hij even in de boom zitten, en tikte hij gewoon heel eventjes, om te laten weten dat hij er zat. Maar die ochtend was het koolmeesje niet meer geweest en hij kwam ook niet meer. Tranen biggelden over mijn wangen toen ik het hoorde. Met zijn drieën zijn we die weken heel close geweest, waren bijna dag en nacht samen. We zijn echt naar elkaar toe gegroeid, hebben alles heel intens samen beleefd en alles wat we samen meegemaakt hebben heeft ons sterk gemaakt.

Samen gingen we naar dezelfde middelbare school, waar we nu inmiddels al bijna drie jaar opzitten. En al drie jaar zitten we met zijn drietjes bij elkaar in de klas.

In de brugklas kwam er voor mij een derde goede vriend bij, mijn toekomstige beste vriend, Ronald. In het begin waren we niet zo close, maar aan het eind van het jaar, en aan het begin van de tweede werd hij echt mijn beste vriend, mijn beste maatje. Iemand die me als geen ander aan het lachen kan maken, maar waar ik ook mijn hart bij kan luchten. We vulden hele zondagen, met gesprekken op msn of door gewoon samen te zijn. Maar goed, er zal weer eens niet iets gebeuren in mijn ingewikkelde leventje. Op een dag vertelde hij me dat zijn vader een heel goede baan in Duitsland aangeboden had gekregen, en dat ze daarom misschien naar Venlo zouden verhuizen. Sindsdien vermijd ik alles wat met Limburg te maken heeft. Met een kleine uitzondering van de Limburgse vlaaien. Ik schrok dat ik er zo kapot van was, ik wist niet dat ik zo ontzettend veel om hem gaf. Onze gesprekken op msn bestonden vanaf toen dan ook voornamelijk uit een huilende Jaleesa, die zich weer eens flink volpropte met een zak chips, aangezien ik nogal een emotionele eter ben. Maar goed, er was een happy end, ze gingen niet. En als ze dat wel wilden doen, had ik me persoonlijk aan de auto vastgebonden, of had ik een protestgroep opgericht. En ja, je weet wat ze zeggen, van het een komt het ander, en sinds 20-08-2006 mag ik hem met trots mijn vriendje noemen.

1

Een rare stekende pijn in mijn zij, misschien een gekneusde rib? Volgens de huisarts niet, maar daarmee ging die vervelende pijn nog niet weg. Dan maar naar de fysiotherapeut, misschien een spierscheurtje? Volgens haar niet, maar het was wel raadzaam om even een foto te laten maken. Niks gebroken rib, niks spierscheurtje. Nog maar een keer naar de huisarts, en opnieuw een foto laten maken in het ziekenhuis. Ik zat in de wachtkamer en wachtte op de zuster met haar geweldige roze-plastic-kraak-klompjes, om me te komen vertellen dat alles goed was en ik weer naar huis kon. Maar dat kwam ze me niet vertellen, of ik even wilde komen.

Nou daar ging ik al hoor (de held op sokken herself), ik liep, samen met papa en mama, en mijn puddingbenen en knikkende knietjes naar haar toe. De kinderarts wilde me graag even zien en toen begon het; van de dokter met de baard, naar de lange slungel dokter, van de eerste verdieping naar de derde, van de ene afdeling naar het kamertje van de kinderarts. Een typische arts. Hij vertelde me dat ik maar even bloed moest laten prikken. Ha, was een grapje zeker, ik ben Jaleesa hoor, panisch voor een druppeltje bloed... Dus ja, daar ging ik al bijna onderuit, op het krukje in zijn kantoor, ik had nog nooit bloed laten prikken. Maar eens moet de eerste keer zijn, dus daar ging ik, compleet met rolstoel en een stelletje overbezorgde ouders op naar de bloedprikkerij. Ik mocht op een bed liggen en naderhand viel het natuurlijk allemaal hartstikke mee. Er moest ook getest worden of ik geen tbc had, kreeg ik ook even een klein prikje voor. Ja, een klein prikje, sjonge, ik zat van de pijn bijna tegen het plafond aan. Niet wetende dat de pijn die ik toen voelde in het niets valt bij alle pijn die ik nog zou gaan voelen.

En dan dat eeuwige gewacht overal, in van die bedompte wachtkamers zonder ramen, met wiebelstoeltjes en tijdschriften uit 2001.

De foto's zagen er niet goed uit, er zat vocht bij en in mijn longen. Daar wilden ze ook wel weer iets van hebben, voor onderzoek. Hoe verrassend.

Ik zat op dat bed, met een kussen in mijn armen geklemd, mama's hand om fijn te knijpen in de aanslag en probeerde zo weinig mogelijk te zien van wat die vent allemaal in me stak. Hij zal me niet gauw vergeten denk ik, hij stak de naald in mijn rug en ik beantwoordde het met een keihard: TERINGJANTJE geschreeuwd door het kleine kamertje. De anderhalve liter vocht die hij had afgenomen, zat er de volgende dag weer net zo snel terug in.

En bij het bekijken van de foto's voelde mama het al aan, hij wilde me vertellen dat het beter was als ik een tijdje in het ziekenhuis bleef. Een paar dagen terug had ik Ronald nog voor gek verklaard, omdat hij me trouw beloofde me elke dag op te komen zoeken als ik opgenomen moest worden, natuurlijk hoefde ik niet opgenomen te worden, er is toch zeker niets aan de hand. En daar ging ik bijna weer, het voelde alsof al mijn bloed uit mijn lijf werd gezogen, en ik moest echt even gaan liggen. Precies datgene wat ik de komende dagen ging doen. Gelukkig mocht ik naar de kinderafdeling. Ja jippie, mooi voor één dag. Ik moest een drain, een slangetje in mijn rug, dat het vocht langzaam uit mijn longen zoog. Het slangetje kwam uit in twee grote glazen potten, net twee grote varianten van een glazen melkfles. De ene was gevuld met water, en borrelde dag en nacht. We dachten erover om er maar guppy's in te doen, maar die gedachte werd niet erg op prijs gesteld door de zusters.

Vervolgens moest ik naar de longafdeling, omdat ze op de kinderafdeling te weinig ervaring hadden met een drain. Op de longafdeling lag ik tussen de kuchende opaatjes en omaatjes die waarschijnlijk het grootste deel van hun leven hebben gerookt. Gelukkig had ik een kamertje voor mezelf, en hartstikke veel lieve vrienden, familie, kennissen en klasgenootjes, die me overlaadden met cadeautjes, snoep en kaarten.

's Nachts bleef papa of mama altijd slapen, op zo'n opklapbedje waarbij je, als je je omdraait, de veren in je rug voelt steken.
Toen moest ik door een CT-scan en moest ik die dag voor mijn gevoel vijftien liter vieze contrastvloeistof drinken.

De scan was een gigantisch apparaat, en natuurlijk moesten de potten van mijn drain en mijn ouders ook mee. En daarna moest het hele gepeupel weer terug naar de afdeling.

Naar aanleiding van de scan besloot de arts iets drastisch anders. Na twee weken opgenomen te zijn geweest in het Franciscus Ziekenhuis in Roosendaal, moest ik naar het Sophia kinderziekenhuis in Rotterdam. Voor nader onderzoek. Heel raar, maar het was wel een soort veilig gevoel, de mensen daar weten en kunnen veel. En ook een klein voordeeltje, ik hoefde in ieder geval niet bang te zijn dat ik een kamer met een kuchende opa moest delen.

Mijn vervoer was ook niet mis, ik mocht met de ambulance helemaal van Roosendaal naar Rotterdam.

Ik lag op een soort brancard, volledig ingepakt met allerlei dekens, maar het liefst wilde ik van dat ding afspringen, de dekens van me afgooien en die heerlijke frisse lucht inademen. Ik had het onderhand wel gehad met die ziekenhuislucht.

Eenmaal in de ambulance had ik het best naar mijn zin, mama zat naast me samen met een broeder en papa zat voorin met een andere broeder. Heel lief had ik gevraagd of de sirene eventjes aan mocht, en raad eens... dat mocht! Ha, daar lag ik dan, met een grote glimlach op mijn gezicht, zo blij als een kind van drie dat een ijsje krijgt.

Alleen het opaatje dat in zijn autootje van 45 km/uur voor ons reed vond het minder leuk, hij raakte een beetje in paniek en slingerde naar de kant van de weg om ons erlangs te laten. Toen moest de sirene weer uit. Maar ik had geen kans om me te vervelen in de ambulance, als eerste kreeg ik een uitleg over alle vreemde medische toeters en bellen die er in de ambulance lagen. En toen we er bijna waren kreeg ik nog een heel lieve teddybeer van de leukste broeder die mee ging.

En dan ben je ineens een patiëntje in het Sophia kinderziekenhuis. Maar ik voel me helemaal geen patiëntje, ik ben geen ziek kind, ik ben gewoon Jaleesa. Het is heel gek, maar van die tijd dat ik daar lag, herinner ik me weinig.

Tot 1 juni. Een dag die ik nooit van mijn leven meer zal vergeten, heel raar dat 1 dag, 1 gesprek en 1 woord je hele leven op zijn kop kan zetten. Het was, na talloze onderzoeken, eindelijk duidelijk wat ik had. De dokter vertelde het eerst aan mijn ouders, en daarna kwam hij het aan mij vertellen. Gelukkig was Ingrid in de tussentijd bij me om me een beetje gerust te stellen. Maar ik hoefde vreemd genoeg helemaal niet gerustgesteld te worden. Ik was helemaal niet bang of zenuwachtig. Dat was ook helemaal niet nodig, ik hoorde niet in een ziekenhuis thuis. Dit hele gedoe paste niet bij mij, niet in mijn leven. En de dokter zou me ook zo komen vertellen dat ik naar huis kon en dat het allemaal een grote vergissing was. Maar het was geen vergissing, ik was wel ziek en ik hoorde wel degelijk thuis in een ziekenhuis. Ik was vanaf nu een patiënt. En dat allemaal door wat dokter Beishuizen, mijn toekomstige oncoloog, me vertelde: 'Toen ik met je ouders praatte heb ik het woord kanker gebruikt, want dat is wat je hebt.'

Wat hij daarna allemaal zei weet ik niet meer. Ik keek van zijn lieve ogen in die van papa, die zijn verdriet voor me verborg, en ik keek naar mama die dat ook probeerde, maar ik zag de tranen in haar ogen staan. Mijn wereld stond gewoon heel even stil en het eerste wat ik wilde toen ik weer helder na kon denken, was Margit en Lieke bellen. Zij zaten natuurlijk ook heel de dag in spanning. Toen ik Margits stem hoorde barstte ik plotseling in tranen uit, het enige wat ik kon zeggen was: 'Het is kanker.' Haar reactie hierop was natuurlijk logisch, ze huilde met me mee en gaf Lieke eventjes aan de telefoon. Wat me helemaal en compleet brak. Ik hoorde haar huilen en ik zei tegen haar: 'Hoe kan jij dit nou trekken, hoe kan jij dit nou aan?'

2

Vrijdag 26 mei werd ik geopereerd, mijn eerste operatie in mijn hele leven, moet uitgerekend zo'n enge zijn. Bibberend als een klein kind lag ik daar, in mijn operatiehemd, in mijn ziekenhuisbed, en ik werd door de bedompte ziekenhuisgangen gereden. Met een vader en moeder die overbezorgd waren en zich behoorlijk machteloos voelden. Ik hield me groot en sterk, voor mezelf maar vooral voor hen.

Tijdens de operatie moesten er biopten genomen worden, dan halen ze stukjes weefsel weg en die worden dan onderzocht. Tijdens de operatie werd ook mijn drain verschoven, zodat die weer meer vocht af zou nemen, ook hebben ze ruggenmerg onderzocht en een port a cach geplaatst. Dat is een klein kastje dat ze onder je huid plaatsen. Het is een soort vervanging voor een infuusnaald, want als ze iedere keer weer een nieuwe infuusnaald in moeten brengen, prikken ze je ongeveer lek.

Na de operatie moest ik gewoon terug naar mijn afdeling, kindergeneeskunde twee zuid, omdat ik nog steeds vast zat aan mijn drain, die nog steeds voelde als een tuinslang tussen mijn ribben, die aangesloten was op twee miniaquariums.

Vanaf die vrijdag was het wachten op de uitslag, een tijd die ik voor mijn gevoel geblokkeerd heb, kan er me haast niets van herinneren.

En 1 juni kregen we het dan eindelijk te horen, daar begon het dan, mijn leven als kankerpatiëntje. Een woord dat voor mijn gevoel helemaal en totaal niet bij me past, maar toch is het zo.

Snel na 1 juni startten ze met mijn eerste chemokuur, toen had ik er nog geen idee van hoe een grote hekel ik aan die stomme infuuspaal met zijn klote chemozakken zou krijgen. Mijn eerste kuur duurde vier dagen, vier dagen voor pampus op bed liggen, kotsen en zo slap zijn als een vaatdoek, plus die drain tussen mijn ribben. Vier dagen lang druppelt de vincristine, cyclofosfamide en andere chemozooi mijn lichaam binnen.

Mijn favoriete verpleger en tevens mijn mentor is Kees. Als hij vrolijk fluitend mijn kamertje binnenstapt, verschijnt er vanzelf een kleine glimlach op mijn gezicht, hoe beroerd ik me ook voel. Minder zijn de voedingsassistenten, die waarschijnlijk hartstikke aardig zijn, maar dat kan me weinig schelen als ik zo ziek ben, en ze met die stinkende voedselkar bij mijn deur komen staan, en vrolijk op gaan noemen wat er vandaag allemaal op het menu staat. Die etenslucht gaat voor mijn gevoel pas na drie uur mijn kamer uit.

En ja, als je daar dan hulpeloos in je bedje ligt, komt ook nog eens het halve ziekenhuis langs, zaalarts, co-assistent, verpleegster, bloedprikker, kinderarts, oncoloog, pedagogisch medewerker en zelfs leraren.

Maar gelukkig bestaat er ook nog zoiets als bezoekuren. Mijn meest favoriete bezoeker is Ronald, nog tien keer meer dan Kees weet hij me altijd op te vrolijken, 's ochtends kijk ik er al naar uit als hij 's avonds langskomt. Ook al lig ik te slapen, hij loopt gewoon mijn kamer binnen, geeft me een kus en gaat rustig naast mijn bed zitten. En als ik dan mijn ogen open doe en ik zie hem daar zitten dan voel ik me al stukken beter en gelukkiger. Papa vertelde me dat hij op een dag Ronald en zijn ouders bij de ingang opwachtte om te vertellen dat ik me niet echt lekker voelde, ha, Ronald liep dertig meter voor zijn ouders, luisterde maar half naar papa en liep met 20 km per uur richting mijn kamertje.

En dan zijn er ook nog de cliniclowns, die iedere dinsdag langskomen. Ik lach me nog steeds iedere keer weer helemaal krom om die clowns. Het is heerlijk om eventjes onbezorgd te kunnen lachen, want als de cliniclowns er zijn verdwijnt het hele ziekenhuis om je heen. Gewoon lachen, zonder ziek zijn. En als de cliniclowns weg zijn, vrolijkt het prikbord op mijn kamertje me ook wel een beetje op, die helemaal volhangt met de liefste kaarten, tekeningen en brieven van iedereen die ik lief vind. En op mijn tafeltje staat genoeg snoep voor de hele afdeling, een heuse collectie van knuffelberen en kilo's fruitmanden.

Na mijn vierdaagse kuur moest ik nog steeds in het ziekenhuis blijven in verband met mijn drain. Daarnaast moest ik ook wekelijks een push, dan spuiten ze medicijnen via mijn port a cach, en dat duurt hoogstens tien minuutjes. Een soort 'shot' waar ik overigens niet van plan ben verslaafd aan te raken. Het gebeurt op de poli, poli oncologie welteverstaan, en als je het mij vraagt is dat maar een eng en bangmakend woord.

Oncologie, chemokuur, ziekenhuis, dokters, verplegers, infusen, bloeddrukmeters, controles, scans, röntgenfoto's, allemaal dingen uit mijn nieuwe wereldje. Een wereld die ineens de mijne is, en voorheen gelukkig totaal onbekend was. En een wereld waar mijn vrienden eigenlijk weinig van weten. Ik heb ondertussen al het halve ziekenhuis gezien, scans, röntgenfoto's, operatiekamers, onderzoekje hier, onderzoekje daar, opnamegesprekken en poliklinieken. Ik zal er nooit aan wennen, zou ik niet willen ook, maar het is allemaal wel bekend. Maar voor mijn vrienden niet, ik ben voor hen gewoon nog Jaleesa, en dat is natuurlijk ook zo, maar wel Jaleesa met twee werelden. En met één verdomd stomme rotwereld.

Eindelijk mocht mijn drain eruit, gelukkig, maar het was geen pretje, ik ben blij dat ik niet gezien heb hoe ze dat geflikt hebben, want anders was ik vast en zeker flauwgevallen. Ik voelde heel die slang door dat kleine gaatje en langs mijn huid gaan. Blegh. Maar goed, ik was verlost en mocht eindelijk naar huis toe. In tijden had ik me niet zo opgelucht en vrij gevoeld. Het was heerlijk om na die lange tijd weer in mijn eigen omgeving te zijn, in mijn eigen bed te slapen. Ik probeerde van iedere minuut van iedere dag te genieten, ook al spookte de gedachte dat ik straks weer in een ziekenhuisbed zou slapen akelig vaak door mijn hoofd.

3

Na 1 juni leefde ik in een soort roes, ik wist wel dat ik ziek was, maar zo voelde het niet, ik ging wel iedere keer naar het ziekenhuis, en ik lag daar, maar meer dan misselijkheid voelde ik er niet bij. Misschien hield ik me ook wel groter dan ik was, en duwde ik mijn verdriet een beetje weg, maar zo voelde ik me sterk. Zo kon ik knokken, er voor gaan, mijn blik op oneindig. Zo kon ik het allemaal aan, zo trok ik het wel. Maar ik voel me echt sterk door de mensen om wie ik geef, bijvoorbeeld als ik bij Nienke, mijn nichtje, ben. Ze is bijna vier, en begrijpt natuurlijk niet wat er allemaal met me gebeurt, ze weet wel dat Sies, zoals ze me noemt en toen zij ermee begonnen is noemt praktisch iedereen me zo, pijn in haar buik heeft. En soms lijkt het of ze het ook allemaal wel aanvoelt, soms komt ze gewoon heel even bij me zitten en legt ze haar hoofdje tegen me aan, of ik krijg een dikkere knuffel dan normaal. En als ik bij haar ben en haar zie lachen, dan voel ik me goed. Ik weet nog goed, dat mama vroeg wat ik wilde drinken. En toen zei Nienke: 'Sies, drink maar Yogho, dan word je heel snel weer beter.' Ik kreeg tranen in mijn ogen toen ze dat zei, ze had geen idee hoe hard ik zo'n uitspraak nodig had.

Na keer op keer chemo's, onderzoeken, scans en ziekenhuisbezoeken moest ik 28 juli weer in Rotterdam zijn, voor een scan. Er hing wel het een en ander af van deze scan, er moest iets van verbetering te zien zijn op dit punt in mijn kuurschema. En aangezien ik het sowieso al niet zo op die benauwende scans heb, was ik dus extra zenuwachtig. De röntgenafdeling is niet een van mijn favoriete afdelingen, ik krijg al de kriebels als ik de waarschuwende plaatjes zie waarop staat: 'Pas op, sterk stralingsgebied.' Lekker geruststellend ook, iedereen krijgt zo'n apenpakkie aan om tegen die stralingen beschermd te zijn, en ik moet het maar zien te redden in die circustunnel. Na lang wachten was ik eindelijk aan de beurt, iedere stap die me dichter bij die zoemende apparaten bracht zette ik met meer moeite dan de vorige.

Gelukkig moeten we altijd naar het Sophia kinderziekenhuis. Het hele ziekenhuis is opgefleurd met knuffels, posters en schilderingen. Zo ook de CT-scan, er zitten stickers op zodat het net een circus lijkt waar je ingeschoven wordt, maar als het echt een circus was, was het er wel een met een verdomd slechte voorstelling en wil ik mooi mijn geld terug.

Om alles goed te kunnen zien en voor het beste resultaat foto spuiten ze wat contrastvloeistof in je. Ik was inmiddels al een doorgewinterde patiënt en kon dus wel tegen een naaldje meer of minder. Dat was dan ook niet het probleem. Terwijl ze me in het apparaat schoven en ik voor mijn gevoel in een grote wasmachine lag, voelde het alsof ik in mijn broek aan het plassen was. Ik wist niet wat er gebeurde en van de zenuwen begon ik te giechelen. Gelukkig was het gewoon een van de bijwerkingen van de contrastvloeistof. Nadat de scan gemaakt was mochten we nog even naar dokter Beishuizen. Hij kon helaas nog niets zeggen over de scan, want die moest eerst nog met een leger van artsen besproken worden. Hij kon wel zeggen dat de kuur waarschijnlijk aangeslagen was, omdat mijn vocht weg was en ook daadwerkelijk weg bleef. Zodra dokter Beishuizen iets over de scan wist zou hij ons bellen, en toen waren we weer vrij om te gaan. Zoals altijd was ik samen met papa en mama, en soms voelt dat best raar, voordat ik ziek werd was ik altijd óf bij papa óf bij mama. En in deze korte tijd hebben we al zoveel met zijn drietjes gedaan en meegemaakt. Waarschijnlijk raakte ik eraan gewend, want zodra ik het ziekenhuis achter me liet schoot me een geweldig plan te binnen. Wij gingen met zijn drietjes de rest van de dag in Blijdorp doorbrengen. Ik was vastbesloten en zo enthousiast als maar zijn kan. Papa en mama keken mekaar lachend aan, en konden natuurlijk geen nee zeggen tegen hun veertienjarige dochter die naar de dierentuin moest en zou. Dus daar gingen we, op naar Blijdorp, en het was een heerlijke middag, we hebben hartstikke genoten. Tot ik voor mijn gevoel ineens naar huis wilde, vrij plotseling. Nou goed, we gingen, stapten de auto in, papa wilde zijn mobiel in de carkit zetten, en op dat moment, precies op dat moment werd hij gebeld, het was dokter Beishuizen. Mama en ik gingen in de auto zitten en wachtten in spanning af. Ik hoorde papa zeggen: 'Nou, als u tevreden bent, dan ben ik het zeker.' Ik dacht bij mezelf, dat kan nooit al te slecht nieuws zijn, maar toch klopte mijn hart in mijn keel toen hij ophing. Ik geloof niet dat ik papa ooit zo opgelucht heb gezien. Mijn tumor was voor 50% gereduceerd. 50%!! De helft, er was gewoon in zo'n korte tijd de helft van dat vieze ding weg, de HELFT! Ik ben geen momenthuiler, ik huil niet zo snel bij een film, of als ik iets ergs of heel moois meemaak, ik ben meer een nu-trek-ik-het-allemaal-niet-meer-huiler, en stort geregeld om het minste of geringste in. Maar nu was ik zonder enige twijfel een momenthuiler, tranen van geluk stonden in mijn ogen, net als bij mama en stiekem zag ik ook papa's ogen glinsteren. Dit was niet te geloven, dit hadden we niet durven hopen of dromen. Niemand had dit verwacht, zelfs dokter Beishuizen niet. De rit van Rotterdam naar Roosendaal was nog nooit zo kort geweest, ik wilde iedereen bellen, iedereen laten weten dat er weer hoop was om beter te worden, maar ook hoop om me weer gelukkig te voelen. De mooiste reactie was nog wel die van Ilona, de moeder van Margit, net als Margit wist ze niet wat haar overkwam, ze huilde, lachte en gilde, en dat allemaal tege- lijk. Het is zo fijn om te weten waar je het voor doet en een houvast te hebben. Nu konden we er weer een tijdje tegenaan.

En wat voor cliché het ook is, ik geniet zo veel meer van alles, vooral de kleine dingen. Je vindt het gewoon als je gezond bent, staat er niet bij stil dat het maar knap goed in mekaar is gezet daar binnenin. Als je na dagen kotsmisselijk in het ziekenhuis te hebben gelegen weer even buiten kan lopen, naar de supermarkt kan, even de stad in, en ja zelfs naar school kan, dan is dat gewoon puur genieten. Vooral naar school gaan, eventjes word je er niet iedere minuut van de dag mee geconfronteerd dat je ziek bent. Het is als altijd, en dat voelt gewel- dig.

Maar aan de andere kant is het ook totaal anders. Als we van lokaal naar lokaal lopen, ben ik degene die puffend als laatste de trap getrot- seerd heeft en op mijn plek neerploft. En soms is het heel moeilijk om je te concentreren in de klas, als je bijna een week niets anders gedaan hebt dan liggen, hangen, zitten en kotsen. En als je dan ineens weer bij de les moet blijven, dan is dat moeilijk, ook al voel ik me goed, ik moet mijn hersens ineens weer op actief zetten. Maar ik wil het zo graag kunnen, ik wil gewoon zo graag met mijn klas mee naar de vierde, dus ik werk zo hard mogelijk voor school, en gelukkig niet alleen. Ik heb mijn eigen coach, Lydia, een geweldige vrouw, die me soms de woorden uit mijn mond haalt, me geweldig begrijpt en zelfs mijn halve boekenpakket, op de fiets, in de stromende regen naar me toe brengt. En ik heb natuurlijk mijn vader, die me tot twaalf keer toe mijn wiskunde uitlegt, en zo in zijn uitleg opgaat, dat hij niet merkt dat ik het al na elf keer begrijp en ondertussen al bijna bij het volgende hoofdstuk ben. En gelukkig zijn er ook die momenten die je goed doen, zoals bij Engels, ik had veel lessen gemist, maar toch wilde ik de proefwerken en so's inhalen. Ik ben niet snel trots op mezelf, maar toen ik die drie toetsen terug kreeg was ik het wel, apetrots zelfs. Ik had twee negens en een tien. Wat de leraar zei deed me ook goed, hij zei: 'Er ligt een toekomst voor je als lerares Engels' en 'Je bent een bedreiging voor de leraren Engels, je bewijst maar dat je ons helemaal niet nodig hebt.' Ja, het was definitief, ik was apetrots, op mezelf.

4

Urenlang lig ik in mijn bed te piekeren en ik kom maar niet in slaap. Ik pieker over van alles en nog wat, over het ziekenhuis, school, mijn vrienden. Maar ik droom vooral over hoe het wel niet moet zijn als ik straks weer beter ben, dat ik mijn eigen leven weer terugkrijg, kan doen wat en wanneer ik wil. Dat ik weer op de fiets naar school kan, mijn fiets kan pakken en met vriendinnen de stad in kan, niet meer afhankelijk ben van anderen, voornamelijk mijn ouders, en kan doen wanneer ik wil en wat ik wil, en natuurlijk op vakantie gaan. O, wat mis ik die campings in Zuid-Frankrijk, of het prachtige hotel in Parijs. In de meivakantie waren we er nog, papa, Ingrid, Sven, Anouk, Jeroen, Petra (zus van Ingrid), Margit en ik. Ik zal het nooit meer vergeten, Parijs is zo'n geweldig mooie stad. Vrijdagavond kwamen we er aan, we stapten het metrostation uit en konden op zoek naar ons hotel. Ik keek mijn ogen uit, straten die van hoog naar laag lopen, allemaal kleine winkeltjes en boetiekjes, en geweldig mooie gebouwen. Maar ja, daar liepen we dan, met zijn achten, het was bijna donker, en iedereen had voor zijn gevoel tien kilo bagage te veel bij zich. Komen we eindelijk aan bij ons hotel, zien we daar, precies naast het hotel, een metrostation, natuurlijk hetgene dat ze het verbouwen waren, handig. Het hotel was hartstikke gezellig, maar de trappen waren minder, als je op de derde verdieping zit. Ik had samen met Margit een kamer, dolle pret en een teringbende natuurlijk. 's Avonds gingen we met zijn allen wat drinken en daarna ging iedereen zijn koffers uitpakken en slapen. Ja, iedereen behalve Margit en ik. Ondanks de reis en de pijn in mijn zij waren we hartstikke druk, met energie voor tien. Na zestig melige foto's en tig lachbuien waar je buikpijn van krijgt, vielen we rond een uurtje of twee in slaap.

Om vervolgens weer om vijf uur wakker te worden, en we waren klaarwakker. Na eventjes gekletst te hebben, besloot ik om maar te gaan douchen, zodat ik, met mijn twee linkerhanden, tijd genoeg had om mijn lenzen in te doen. Wat denk je, na twee keer mijn ogen uitgestoken te hebben zitten die lenzen erin. Ha daar zit je dan, gedoucht, aangekleed en compleet met lenzen in om half zes.

Eindelijk gingen we met zijn allen ontbijten, croissantje aardbeienjam en jus d'orange, alles wat je in Parijs nodig hebt voor een heerlijk ontbijtje. Zaterdag was een drukke dag, we zijn naar de Arc de Triomphe geweest, de Eiffeltoren, de Notre-Dâme, Champs Élysées, Montmartre, Sacré-Coeur en het Louvre. Van dat laatste hebben we niet veel meegekregen, we waren zo moe van die drukke dag dat we met zijn allen neerploften op de muurtjes bij het Louvre.

Die avond gingen we uit eten, ik voelde me alleen niet goed, ik was moe, had pijn en geen honger. Ik had toen nog geen idee wat me te wachten stond.

De volgende dag gingen we alweer naar huis, maar eerst gingen we nog eventjes winkelen. Prima plan natuurlijk, maar ja minder leuk als de winkels op zondag gesloten zijn. Toen gingen we maar lekker lunchen en op de trein wachten. Ik wil er dolgraag weer naar toe, we hebben zo genoten.

Soms, als ik weer eens zo lig te piekeren in bed, pak ik er wel eens een blaadje bij. Ik heb misschien wel tientallen lijstjes volgeschreven met wat ik allemaal wil en kan als ik beter ben.

- Een supergroot, supergaaf feest geven
- 10 km hardlopen met de marathon
- Collecteren voor het KWF
- Naar Zuid-Frankrijk
- Dordogne
- Parijs
- Met de trein op zomertoer met vriendinnen
- Voor het eerst alleen op vakantie met Margit
- Kamperen in de tuin
- Naar school en balen van het huiswerk
- Gymmen
- Zwemmen

- Mijn haren borstelen
- Naar de kapper
- Een bijbaantje voor in de zomervakantie zoeken
- Megaveel slaapfeestjes houden met vriendinnen
- Streetdancen
- Fitnessen met mijn vader (haha)
- Tennissen
- Opa en oma wat vaker opzoeken
- Oppassen
- Naar het strand
- Leren koken
- Uitgaan
- Zelfstandig zijn
- Alleen met mijn vrienden iets doen
- Vijftien zijn
- Fietsen
- Nog meer fietsen, heb een hoop in te halen
- Winkelen
- Dagje schoonheidsspecialist

En zo gaan de meeste lijstjes nog wel eventjes door.

5

Ik voel me sterk door Margit. Zij voelt soms echt als zusje van me. Het is zo'n vriendin met wie je om niets kan lachen, over alles kan praten, ruzie hebt omdat je allebei te koppig bent om sorry te zeggen, je nooit langer dan een dag ruzie hebt omdat je niet zonder elkaar kan, je kan lachen en kan huilen en waarmee ik nooit, nooit, nooit zonder kan en wil. Soms voel ik me schuldig, om wat ik haar 'aandoe' Maar dat duurt nooit lang, want ik weet heus wel dat ik er niets aan kan doen dat ik ziek ben, maar mijn verstand en gevoel zijn het de laatste tijd nogal vaak met elkaar oneens.

En ik voel me sterk door Ronald, op de een of andere manier zorgt hij er iedere keer weer voor dat ik al mijn zorgen en problemen even kan loslaten en vergeten als hij en ik samen zijn. In de zomervakantie kwam hij bijna iedere dag wel eventjes langs, gewoon om bij me te zijn. Meestal gewoon thuis, gingen we een filmpje kijken of buiten een stukje lopen, maar soms gingen we ook ergens heen. Een keer zijn we naar het strand geweest, dat was echt geweldig. In verband met de chemo mag ik niet te veel in de zon, dus gingen we 's avonds. Het was heerlijk rustig en ik vond het heerlijk om eindelijk weer eens van het strand, de zon, de zee en van Ronald te genieten. Stoer als ik ben (haha), had ik die ochtend al besloten dat ik de zee in wilde, zonder natuurlijk maar eventjes te bedenken dat het zeewater 's avonds nog wel eens behoorlijk koel kon zijn. Maar goed, ik liet me heus niet kennen en kreeg Ronald zo ver dat hij meeging. Het was geweldig en het kon me niets schelen dat we waarschijnlijk door de enkele strandganger die er was voor gek werden verklaard. Na het nodige gespetter en geplons gingen we het water uit. Ik natuurlijk zeiknat en bij meneer geen druppeltje te bekennen, en we moesten nog uit eten. Klappertandend, rillend van de kou en ingepakt in twee dikke handdoeken zat ik daar op het strand, midden in de zomer. Omdat ik dat weekend bij papa bleef slapen had ik gelukkig wat spulletjes in de auto liggen, ja mijn pyjama. Geen kleren, maar goed, mijn pyjama was droog en dus goed genoeg voor me. Dus ik trok mijn pyjamabroekje over mijn bikinibroekje en deed daarover mijn klamme broek. Ik zou zeggen: klaar voor een avondje uit eten. Het was een geweldige dag, echt een dag die ik hard nodig heb, en een dag waar ik nog dagenlang van kan nagenieten.

Want er staat weer een chemokuur op me te wachten en de herinnering aan die dag doet dan wonderen. Maar tijdens deze kuur is er ook een ander lichtpuntje, ik heb een nieuwe overbuurman gekregen en na een uur liggen we al te msn'en. Als hij voorbij mijn raam loopt begroet ik hem en zijn infuuspaal vrolijk. Ik ben dan ook helemaal in mijn nopjes als hij me uitnodigt op zijn kamer om samen chips te gaan eten. Vanavond. Vlug en tevreden sluit ik mijn ogen om wat uit te rusten. Als ik vervolgens wakker word voel ik me beroerd, hondsberoerd. Ik ben kots en kotsmisselijk. Ik ben woedend als ik weer een bakje heb vol gespuugd en ik vervloek die klote infuuspaal met zijn chemotroep. Waarom laat ie me niet een avondje met rust, dat is toch niet zoveel gevraagd?

6

En dan is het ineens alweer november, wat betekent dat het ook bijna 6 november is en dat houdt weer in dat ik bijna jarig ben. Dit jaar een gelegenheid om een beetje extra te genieten. Vandaar dat ik eigenlijk vier dagen jarig geweest ben. Vrijdag kwam Ronald langs om het al een beetje met me te vieren, en zaterdag had ik een hoop vriendinnen uitgenodigd. Ik zal allebei de dagen niet snel vergeten, ik heb er echt van genoten. Zaterdagochtend begonnen al vroeg mijn voorbereidingen voor die avond. Ik had bedacht dat het wel leuk zou zijn om met zijn achten te gaan gourmetten. Dus dat werd boodschapjes doen op de vroege zaterdagmorgen, al mijn longinhoud in de ballonnen blazen, slingers ophangen en de kamer half verbouwen. De voorbereidingen waren behoorlijk vermoeiend voor me, maar het was het wel driedubbel en dwars waard, het werd een geweldige avond. Ik heb hartstikke veel cadeautjes gekregen, van Margit bijvoorbeeld een levensgrote poster van ons in Parijs. Rond halfacht waren al mijn cadeautjes uitgepakt en konden we gaan eten, het was heel erg lekker, maar de schaal met vlees lag bijna net zo vol als toen we waren begonnen, vooral de salades, aardappelkroketjes en de andere bijgerechten moesten eraan geloven. En ja, wat voor toetje heb je als je met acht meiden bent, juist, ijstaart mét chocolade. Maar met dank aan die ó zo lieve Tessa, was mijn stukje ijstaart niet meer te zien of te vinden omdat hij verstopt lag onder een halve liter slagroom. Niet dat ik er veel op tegen had, maar toch. Als klap op de vuurpijl trokken we ook nog maar een flesje wijn open, wat natuurlijk weer een hoop toevoegde aan de gezelligheid. Binnen een half uur waren de twee flessen op en waren we met zijn achten hartstikke melig. Wat onder andere leidde tot: een eigen versie van het Tietenlied, lachsessies waar je buikpijn van krijgt en de meest diepgaande gesprekken. Ondertussen waren we ook nog naar de X-factor aan het kijken, wat ons op het briljante plan bracht om zelf ook maar mee te doen, aangezien we zo goed waren met het Tietenlied. Terwijl ik op de bank zat zei ik even helemaal niets, ik keek gewoon de kamer rond en genoot. Ik genoot met volle teugen. Vanavond was alles weer normaal, vanavond was ik weer even de Jaleesa, zonder twee werelden.

Door de wijn kwamen ook de nodige herinneringen boven, onder andere die aan afgelopen carnaval. En dan met name de laatste dag. Wij vonden het wel een goed plan om om zes uur bij iemand in te gaan drinken. Dus dat werd op drankjacht in dat huis, na vijf minuten de kelder overhoop te hebben gehaald, waren we aardig blij met onze vangst. Een fles pure Poolse wodka. En ervaren als we waren met mixen vonden we wodka met sinas, ijsthee of limonadesiroop wel een goede combinatie. En natuurlijk, ik zou wel weer eens laten zien hoe het moest, dus nam ik een grote slok. Met tranen in mijn ogen en een keel die in brand stond zei ik: 'Hmm, lekker hoor!'

En aangezien ik van een slokje bacardi al aangeschoten was, was ik dat zeker na een paar glazen wodka. Natuurlijk mochten de ouders van degene bij wie we ingedronken hadden absoluut van niets weten, dus gingen we met fles en al terug naar de stad. En raad eens wie de fles in bezit had, juist, dat was ik. Ik klemde de fles stevig in mijn armen, en beschermde hem alsof het om mijn eigen leven ging. Stiekem nam ik nog een paar keer een flinke neut uit de fles en onderweg heb ik een paar keer een lantaarnpaal omhelsd. Ik kon vooral alleen maar lachen en me heel gelukkig voelen. In de stad aangekomen begon het keihard te sneeuwen, en op de een of andere manier belandden we op een trapje in een steegje. Het schijnt dat ik daar een paar keer keihard op de deur heb gebonkt en geroepen heb: 'Papaaa, doe nou toch open!'

En om de avond compleet te maken, zijn we ook nog een geweldige discotheek ingekomen.

Waar ik mijn grote neef ook nog tegenkwam en hem heel verbaasd vroeg: 'Wat doe jíj nou weer hier?' Terwijl dat eigenlijk de vraag was die hij aan mij moest stellen. Kortom, het was een carnaval om nooit te vergeten.

Maar terug naar mijn verjaardag, de zaterdagavond werd alleen maar gezelliger en gezelliger, en ik waardeerde het echt dat ik zulke lieve vriendinnen heb.

Zondagnacht kon ik van spanning bijna niet slapen, want morgen zou ik dan eindelijk mijn cadeau van Ronald krijgen. Na keer op keer om het uur wakker te zijn geworden en heel veel woelen in mijn bed was het eindelijk ochtend en kon ik naar school. En daar stond me het mooiste cadeautje ooit te wachten. Ik stond samen met Ronald bij zijn kluisje en ik moest mijn ogen dichtdoen en mijn hand openhouden. Zachtjes legde hij het doosje erop. Ik zag meteen een stickertje van een juwelier op de cadeauverpakking zitten, dus mijn hart zat inmiddels al bijna in mijn keel. Met trillende vingers van de zenuwen maakte ik het open, en daar lag het dan. Het cadeautje waar ik al mijn hele leven van droom, ik had het al helemaal voorgesteld en heb er vaak genoeg over gefantaseerd, de jongen van mijn dromen zou me een zilveren kettinkje geven met een hartje eraan. En wat blijkt, dromen zijn geen bedrog, de mijne kwam uit. En precies zoals in de film, vloog ik de liefste jongen van de wereld om zijn nek, en deed hij mij mijn kettinkje om. Het was precies zoals ik het me had voorgesteld en ik kon mijn geluk niet op. Vier dagen feest, vier dagen genieten en vier dagen de mooiste cadeaus krijgen. Het was geweldig.

7

Vrijdag 17 november zouden we weer naar Rotterdam moeten, voor mijn laatste grote en zware kuur. Dus donderdagavond begon het festijn alweer, de koffer werd van zolder gesleept, en kilo's pyjama's, badjassen en sloffen werden ingepakt. Ook nemen we altijd de halve Albert Heijn mee, omdat ik en ziekenhuisvoedsel geen al te beste combinatie zijn.

Vrijdagochtend moesten we al vroeg vertrekken en papa was er op tijd, de reis van Roosendaal naar Rotterdam gaat altijd rustig aan me voorbij. Ik staar doelloos uit het raam en kijk naar buiten zonder echt iets te zien. Eenmaal in Rotterdam aangekomen begint het pas echt voor me, ineens staat daar weer dat gigantische ziekenhuis met alles wat het met zich meebrengt. Op naar de poli. Ze kennen me er ondertussen al wel en we worden door bijna alle zusters vriendelijk begroet. En hoe lief ze het ook tegen me zeggen, ik zal er altijd de kriebels bij krijgen als ze zeggen: 'Je mag even om een vingerprik.' Ik moet wel zeggen dat het een gezellig kamertje is, en als patiënt mag je op een grote, op een troon lijkende, stoel zitten. Maar toch, dat gemene naaldje, ik weet geeneens hoe dat ding eruitziet, want iedere keer als dat ding in mijn vinger wordt gestoken zit ik half omgedraaid en met dichtgeknepen ogen op die stoel. Ik weet nog goed dat ik een keer eventjes moest wachten op een jongetje dat voor mij aan de beurt was. Hij was misschien net vijf jaar en hij liet geen traan, hij gilde niet en stribbelde zelfs niet tegen. Ik heb flink veel respect voor dat kereltje. Want toen ik, als vijftienjarige grote meid na hem aan de beurt was, gilde ik het keihard uit. Wat meteen gevolgd werd door een giechelend schaamtelachje, omdat ik het toch eigenlijk niet kon maken. Wat ben ik toch weer een watje, maar goed. Daar valt mee te leven. Deze keer was het anders, de pijn viel reuze mee. En nu was het maar wachten op de uitslag. Voordat elke kuur begint, moet je even bloed laten prikken zodat de artsen kunnen beoordelen of je de kuur wel aankan. Iedere keer is mijn kuur doorgegaan, tot deze vrijdag. Toen we bij de dokter moesten komen, vertelde hij ons vrolijk dat we weer terug naar huis konden, wat voor mij twee extra vrije dagen betekende. En ik zat bij wijze van spreken al weer bijna in de auto, maar ik wilde toch nog wel eventjes uitleg. De reden dat de kuur niet doorging was simpel. mijn bloedwaarden waren te laag en de dokter wilde eerst ook zeker weten wanneer mijn operatie was. Als deze niet binnen twee weken was kon de kuur gewoon doorgaan, anders werd de kuur na de operatie gegeven. Bij de operatie worden weer een aantal biopten genomen en er wordt een tissue-expander geplaatst, een soort ballonnetje, dat ze vullen met water en dat duwt mijn nieren een stukje opzij zodat deze geen onnodige bestraling krijgen. Ik zie best op tegen de operatie, maar ik weet dat hoe sneller ik geopereerd word, hoe sneller er bestraald kan worden en hoe sneller ik dit alles af kan sluiten. Maar ja, daar heb je weer zoiets, mijn hart is bang voor de operatie, maar mijn hoofd niet, dat wil het zo snel mogelijk. Ik kan me niet voorstellen dat die twee het ooit echt met elkaar eens gaan worden.

Maar goed, de kuur ging niet door en maandag zou de dokter bellen, want dan wist hij meer.

Pas toen ik eenmaal in de auto zat besefte ik het: ik zou met Ronald en zijn gezin toch nog mee kunnen naar Holiday on Ice! Geweldig, mijn dag kon niet meer stuk. Ze hadden me uitgenodigd om mee te gaan en toen was ik al door het dolle heen. Een klein detail was wel dat het zondag 19 november was. Helaas pindakaas, weer iets leuks wat ik moest missen.

Maar daar piepte mijn zonnetje weer even door de donkere wolken heen, ik kon toch mee!

Omdat ik eigenlijk niet mee kon hadden ze mijn kaartje aan de opa van Ronald gegeven, maar nu kon ik uiteindelijk wel mee en hadden ze een extra kaartje besteld. Leer ik zelfs zijn opa nog kennen, wat een feest, wat een feest!

Het werd een geweldige dag, om half drie haalde Ronalds vader me op. Ik zat samen met hem, Ronald en zijn opa in de auto en het was hartstikke gezellig. Ronalds moeder en zijn zus reden in de andere auto. Na een drukte bij de stoplichten voor de parkeergarage en een chaotische bende in de parkeergarage zelf waren we er dan eindelijk. We hadden hartstikke goede plaatsen en de show was adembenemend. Van heel mooie en hoge liften tot een ring van vuur op het ijs. De schaatsers gingen zelfs in de touwen en deden de meest spectaculaire trucs. Het was echt heel erg leuk en na de show waren we van plan om onderweg nog iets te eten. Na twee keer bij een overvol wegrestaurant te zijn gestopt besloten we om maar een frietje te halen en dat thuis op te eten. Onderweg hadden we ook een aantal keer telefonisch contact met de rest van het gezin in de andere auto. Laten we wel voorop stellen dat ik in de 'mannenauto' zat en zijn moeder en zijn zus in de andere. Dus na elk telefoongesprek moest ik aanhoren: 'Twee vrouwen in een auto, dat gaat echt niet hoor.' En 'Vrouwen achter het stuur...' Met het nodige gesteun, gezucht en gekreun erbij. En daar zat ik dan, gefrustreerd, maar met het nodige fatsoen om me in te houden en het enige wat ik deed was geïrriteerd met mijn vingers tikken. Eenmaal thuis had iedereen de grootste honger en de friet was dus ook snel verdwenen. Daarna bleef ik nog even gezellig bankhangen en ik prees me gelukkig met het liefste leukste vriendje van de wereld. Het klinkt misschien ontzettend naïef uit de mond van een ondertussen vijftienjarig meisje, maar ik hou echt van hem. Aan het eind van de avond bracht Evelien, de zus van Ronald, opa en mij terug naar huis. Het was keigezellig in de auto, want Ronald en ik hebben werkelijk eindeloze discussies over van alles en nog wat. En iedere keer weer beweert hij dat hij gelijk heeft, en dat idee geef ik hem dan ook maar, dat streelt zijn ego nog een beetje. En Evelien leeft al bijna vijftien jaar met hem, en weet dus precies hoe gezellig hij af en toe wel niet kan zijn. Maar ondanks alles ben ik wel stapelverliefd.

En dan boempats, stort je wereld opnieuw in. Terwijl je hem net weer een beetje bij elkaar aan het rapen was.

Het begon maandagmiddag. Sinds ik ziek ben, gaat het nogal belabberd met mijn kleine motoriek. Mijn rits dichtdoen, schrijven of zelfs een snoepje openmaken gaat gepaard met een flinke dosis moeite. Dus toen de school uit was, wilde ik mijn jas aantrekken en vroeg ik aan Ronald of hij de rits van mijn jas even dicht wilde doen. Hij vond dat ik dat best zelf kon, waarop ik antwoordde: 'Ja, lul, jij weet niet wat ik heb.' En ik draaide me dramatisch om en liep met grote stappen weg. Gewoon omdat ik er zo'n ontzettende hekel aan heb dat ik voor de kleinste rotdingetjes afhankelijk moet zijn van anderen. Nota bene om mijn eigen rits dicht te doen. Pissig liep ik naar Margit en zij wilde het natuurlijk wel doen. Achteraf was het stom van me, want Ronald wist geeneens dat er iets met mijn handen was, er was dus ook niets wat ik hem kwalijk kon nemen. Nou ja, wel één dingetje, hij ging naar huis terwijl het niet helemaal lekker zat tussen ons. En als ik ergens een hekel aan heb, is het wel met ruzie uit elkaar gaan. Dus riep ik hem een paar keer terug, maar het kwam erop neer dat het niet helemaal lekker liep. Daarom besloot ik om hem 's middags nog maar eventjes te bellen. Uiteindelijk was het weer uitgepraat en stuurde ik na ons telefoongesprek nog even een sms'je waarin stond: 'Liefje, is voor jou zo ook alles weer goed, het spijt me, misschien hou ik wel te veel van je.' Dat laatste was bedoeld als geintje en om het sms'je een beetje luchtig te houden. Maar wat ik als antwoord kreeg, was niet luchtig en al helemaal geen geintje. Hij antwoordde met: 'Misschien wel te veel dan goed is voor ons allebei…'

En daar kwam het dan, dat grote denkbeeldige mes dat voor mijn gevoel recht door mijn hart heen gestoken werd.

Op dat moment wist ik niet wat ik moest doen, denken of voelen. Ik vroeg op msn aan hem of hij het nog wel zag zitten. Dat wist hij niet. Hoe kon dit gebeuren, hij en ik maatjes voor het leven, en dan ineens dit. De vorige dag was alles nog gewoon, en op de manier zoals het moest zijn, hij en ik, stapelverliefd. Nou ja, dat was wat ik dacht. Want hij was niet meer verliefd, al een tijdje niet. En ik heb er gewoon totaal niets van gemerkt, liefde maakt blind, zeggen ze toch? Dan hebben ze verdomme nog gelijk ook, ik zag of voelde het helemaal niet aankomen. Tijdens ons gesprek op msn luisterde ik naar Volumia!, ik luisterde wel, maar hoorde niets. Totdat ze zongen:

Zeg dat je niet hoeft te gaan schat.
Dat je aan mij echt genoeg had
Zeg dat je niet hoeft te gaan schat.
Ga schat, want je moet, ik weet je moet.

Nooit meer zal ik voelen, wat ik voel voor jou.
Ik hoop dat ik kan leven zonder jou.
Kom ga nu maar, veeg je tranen weg.
En onthoud heel goed, dat ik van je hou, van je hou

Nogal cliché, ietwat zoetsappig, maar toen ik dat hoorde trok ik het echt niet meer, ik stortte compleet in, alles kwam weer boven, al mijn angst, pijn en verdriet. Ik wist het echt niet meer. Hoe moeilijk het ook voor me was, ik wilde weten waar ik aan toe was, ik wilde duidelijkheid. Dus vroeg ik aan hem, hoe het nu verder moest. Hij vond dat het beter was dat het uit was.

En toen stond mijn toch al ingestorte puinhoopwereld eventjes helemaal stil. Hij wilde het uitmaken, niet meer vechten voor wat we hadden en wat er voor mijn gevoel nog steeds was. Zonder erbij na te denken ging mijn hand naar mijn kettinkje, het was een soort automatisme geworden om er 24 uur per dag en 7 dagen per week mee te spelen. En toen realiseerde ik het me, zo ging mijn droom niet, ik wilde een kettinkje van de jongen van mijn dromen, maar niet om hem vervolgens na twee weken alweer af te moeten doen. Zonder enig gevoel deed ik het af en liet ik het op mijn bureau vallen. Ik voelde me leeg en alleen zonder mijn kettinkje en zonder Ronald. Het was over, voorbij. Zomaar, ineens. Ik kon dit er echt niet bovenop hebben. In een korte tijd was hij een van de belangrijkste personen in mijn leven geworden, nog belangrijker dan toen hij mijn beste vriend was. Als ik me rot voelde, dacht ik aan hem en verscheen er automatisch een glimlach op mijn gezicht. Hij was mijn houvast. Na ons gesprek op msn heb ik hem nog gebeld, en hebben we een half uur zitten praten. Nou ja, ik huilde en af en toe zei ik door mijn tranen heen wat ik voelde, en hij zei voornamelijk dat het hem zo ontzettend speet. Maar daar koop ik natuurlijk helemaal niets voor.

Vanaf dat moment kon ik alleen nog maar voor me uit staren, piekeren en denken aan alle mooie dingen die we samen meegemaakt hadden en alles wat we nog samen moesten gaan doen. Ik kon het niet begrijpen, niet bevatten, maandenlang was hij verliefd op me, maar ik durfde onze vriendschap niet op het spel te zetten, terwijl ik diep in mijn hart zeker wel meer dan vriendschap voor hem voelde. Maar onze vriendschap was me veel en veel te dierbaar om te verliezen. Regelmatig stortte ik in en barstte ik in tranen uit. Ik luisterde naar liedjes die me aan hem deden denken, onze liedjes en liedjes over gebroken harten. Die nacht kon ik mijn slaap niet vatten en mama kwam in mijn kamer slapen, om er voor me te zijn, soms door niets te zeggen en soms door even een arm om me heen te slaan.

De volgende dag wilde ik gewoon naar school toe. Of het een goede keuze is geweest weet ik niet precies. Toen ik Ronald zag, brak er iets in me, hij was gewoon aan het dollen met zijn vrienden, kon gewoon nog lachen en doorgaan, doorgaan met zijn leven. Loser. Ik snapte het niet, was hij wel die jongen die alles voor me was, was hij wel die jongen waarmee alles mooier leek dan het was, en was hij wel de jongen die me dol- en dolgelukkig maakte als hij alleen al naar me keek of naar me lachte? Hij leek een compleet vreemde. Net of we nooit iets hadden gehad, net of we zelfs nooit vrienden waren geweest. Als ik met hem praatte keek hij zo gevoelloos uit zijn ogen, zo koel en zo afstandelijk. Misschien had ik wel een heel andere, verkeerde voorstelling van onze 'relatie'. Misschien verwachtte ik wel te veel, misschien was er een ander meisje, misschien heb ik wel iets totaal verkeerds gedaan, misschien kan hij het gewoon niet aan dat ik ziek ben. Misschien, misschien… wat heb ik daar in godsnaam aan? Ik begrijp het gewoon niet, ik heb zo ontzettend veel vragen, maar diep in mijn hart weet ik dat ik daar het antwoord toch niet op krijg. Tijdens de scheikundeles schreef ik een brief om te proberen hem uit te leggen dat ik naast mijn vriendje, niet ook nog mijn allerbeste maatje kwijt kon raken. Vooral niet nu, in een tijd waarin ik niet precies wist waar ik aan toe was, met de operatie, bestraling en alles. Sowieso niet nu, en trouwens, ik zou hem nooit kwijt kunnen raken, ik zal nooit zonder hem kunnen.

Kortom, ik heb een gebroken, verbrijzeld en leeg hart, en dat gaat gepaard met alles wat daarbij hoort. Ik kan niet zeggen dat ik liefdesverdriet heb, het is veel sterker en tien keer erger dan liefdesverdriet. Ik kan dit gevoel never nooit niet omschrijven. En weer zijn mijn hoofd en mijn hart het niet eens, ik wéét dat ik hier uitkom, misschien nu, misschien over tien jaar, in ieder geval ooit, maar zo voelt het niet.

Ik mis hem nu al en ik weet niet hoe het allemaal verder moet.

8

Het vreemde is dat de hele wereld doordraait, iedereen kan nog lachen, iedereen gaat gewoon verder. En ik zit maar in die diepe, diepe put. Gelukkig zijn er ook mensen die hard hun best doen om mij daar weer uit te krijgen.

Omdat de dokter ons maandag nog steeds niets kon vertellen, zaten we nog steeds in onzekerheid over wanneer de operatie zou zijn, of mijn kuur nog doorging, en zo hadden we nog wel tientallen andere vragen. Gelukkig belde hij dinsdag, eindelijk was er duidelijkheid. Mijn operatie is 5 december, en de geplande kuur komt daarna. Wat betekent dat ik nu nog lekker twee weekjes vrij ben.

Mijn eerste bestraling is 11 december, maar voor die tijd moeten we toch nog een paar keer naar Rotterdam voor de voorbereidingen daarvan. Ik ben opgelucht, blij dat we nu zekerheid hebben, en ons daar weer aan kunnen aanpassen. We beginnen nu weer aan iets nieuws en ik weet zeker dat we hier ook doorheen komen.

9

Gisteren gingen we met zijn allen uit eten, omdat Sven vrijdag 24 november voor vijf maanden naar Frankrijk vertrekt. Hij verblijft in een pension en gaat daar ook werken.

Papa kwam me rond half zes bij mama ophalen. Toen we naar Bergen op Zoom reden, kwamen we langs de Tolbergvijver, de vijver waar ik altijd samen met Ronald heen ging. Fijn, was er net zo'n momentje dat ik uit mijn diepe, diepe put aan het kruipen was, flikker ik weer keihard op de bodem. Allerlei herinneringen komen boven en ik moet mijn best doen om hem weer eventjes uit mijn hoofd te zetten. Tot mijn grote verbazing lukte het nog ook.

Het restaurant zag er heel erg leuk uit en we zaten met zijn allen gezellig aan een ronde tafel. Het eten was lekker en het was hartstikke gezellig. Aan het eind van de avond brachten we iedereen weer naar huis en papa bracht mij als laatste naar huis. Maar aangezien ik met papa altijd van die alleen-in-de-auto-te-voeren-serieuze-gesprekken heb, zijn we heel Roosendaal doorgetoerd. Iedere keer als we bijna bij mama waren, reden we nog heel even een rondje.

We hadden een heel fijn en goed gesprek, waar ik echt naar snakte en veel behoefte aan had. Ik kreeg tranen in mijn ogen toen papa zei: 'Ik ben zo blij met de band die wij hebben, dat is echt goud waard.' Ik was/ben de afgelopen dagen sowieso een emotioneel wrak, maar deze woorden raakten me echt, vooral omdat je het niet beter uit kan leggen en het echt zo is. Ik voelde me die avond sowieso al wel redelijk goed, maar nu voelde ik me weer een stukje beter. En zo probeer ik uit ieder goed of mooi moment, hoe klein het ook is, weer een beetje te halen om me weer een stukje beter te voelen.

10

Het was donderdagavond, ik kon niet slapen en lag te woelen in mijn bed. Ik wist dat het weer zo ver was, dit werd minstens een uur liggen piekeren en nadenken. Langzaam beleefde ik de dag opnieuw, er was niet veel spectaculairs gebeurd, maar natuurlijk was er weer dat gemis dat al mijn andere gedachten en gevoelens overtrof. Dat hij zomaar niet meer in mijn leven is, hij was zo ontzettend vertrouwd en dat mis ik gewoon. Uit een onverwachte hoek en op precies het goede moment kreeg ik een heel lieve steun. Edward, mijn ex (wat een stom woord) en tevens goede vriend, heel goede vriend sms'te me een aantal keer en dat deed me goed. Hij is zo iemand die niet alleen zegt dat hij er voor je is, maar dat ook daadwerkelijk is. Bijvoorbeeld als ik hem op school tegenkom, ratel ik aan één stuk door over van alles en nog wat, en hij laat me ook rustig uitpraten, niet dat er makkelijk tussen te komen is, maar toch. En als ik dan uiteindelijk toch uitgeratel ben zegt hij: 'Wat ik eigenlijk wilde weten, hoe voel je je?' Hij is ook zo iemand die vooral aan anderen denkt en niet zozeer aan zichzelf, heel sociaal. En voor een jongen laat hij zijn gevoelens aardig goed zien.

Dat alles maakt het alleen nog maar moeilijker, hij is zo'n goede jongen, en toch heb ik hem laten voelen wat ik nu voel. Ik heb zijn hart gebroken, en iemands hart breken is al hartverscheurend, maar het wordt nog erger als het zo'n schat is. Gelukkig zijn we nog steeds goede vrienden en dat waardeer ik heel erg. Toen mijn gepieker over mijn ingewikkelde liefdesleven op zijn einde liep, belandde ik alweer in een nieuwe gedachte. Ik had die avond Char gekeken. En bij elke aflevering die ik zie, krijg ik kippenvel en iedere aflevering speelt nog wel een aantal dagen door mijn hoofd. Ik ben er ook vast van overtuigd dat er 'meer' is, wat precies, dat mag Joost weten, maar het is er, zonder enige twijfel. Ik ben er onder andere zo van overtuigd omdat ik naar Maria Magdalena ga. Dat is een integraal medisch centrum, waar ze werken met verpleegkundigen en een internist. Ze werken met energiestromen uit de kosmos, zij noemen het ook wel 'de goddelijke bron'. Als ik er kom, mag ik een uurtje op een bank liggen, daar lig je dan alleen en worden er energiestromen aan je gegeven. Dat kan bijvoorbeeld de oerenergie zijn, die je heel erg veel kracht geeft, en zo hebben ze allerlei verschillende soorten energie. Het voelt voor mij iedere keer weer heel bijzonder om daar te liggen. Zodra ik op die bank lig en alleen ben, voel ik me heel erg ontspannen. Ik merk ook meestal wel iets van de energie, ik voel een soort rilling, een soort kippenvel. In het begin heb ik nog een paar keer een gesprek gehad met Carien, zij krijgt van de goddelijke bron informatie door over de patiënt, in dit geval over mij. Die informatie geeft zij door via automatisch schrift, wat eigenlijk een aantal rare krabbels op papier zijn die zij kan lezen en begrijpen. Ze vertelde me dat de vorm van kanker die ik had, vrij agressief was en dat ik vaak bij het IMC moest komen. Aan het eind van het gesprek vroeg ze of ik misschien nog vragen had. Ik zei van niet, waarop zij antwoordde: 'Jij hebt wél een vraag, jij wilt weten of je beter wordt.' Natuurlijk vroeg ik me dat af, natuurlijk wilde ik dat weten, maar wie kon daar in godsnaam antwoord opgeven? Dat kon zij, ze vertelde me dat ik beter mócht worden. De tranen stonden in mijn ogen, op dat moment stonden we aan het begin van mijn ziekte en was dit dus best emotioneel om te horen.

Papa en Ingrid hebben een eigen bedrijf en delen hun pand met een ander bedrijf, Maria Magdalena. Ze raakten in contact met de mensen die daar werken en vertelden over mij. Het zou me goed doen om daar een paar keer in de week op de bank te komen liggen. Papa dacht dat ik dat niet zou zien zitten, maar Carien zag me al binnenkomen en ik zou met plezier daar zijn. En ze kreeg gelijk. Sindsdien geloof ik niet meer in toeval, het heeft gewoon zo moeten zijn dat papa in hetzelfde pand zit, anders waren we misschien wel nooit in contact gekomen met Maria Magdalena.

In een ander gesprek met Carien vertelde ze me dat de foutieve cellen stukgeslagen waren en nu alleen nog maar opgeruimd moesten worden. Ze vertelde me ook dat we dat nieuws misschien niet precies zo in het ziekenhuis zouden krijgen, op de scan zou je het verschil tussen kapotte/dode cellen en levende niet goed kunnen zien. Tijdens de kuur die daarop volgde heb ik ontzettend veel overgegeven. Terwijl ik me eigenlijk helemaal niet heel erg misselijk voelde. We dachten toen alledrie hetzelfde, dit was die troep die opgeruimd moest worden. En opnieuw kreeg Carien gelijk, de uitslag van de scan vertelde ons dat de tumor voor 50% was gereduceerd.

Ik kom er nu nog steeds met plezier en iedere keer als ik geweest ben voel ik me een stukje beter.

Na urenlang te hebben gepiekerd viel ik dan eindelijk in slaap.

De volgende ochtend moest ik er al vroeg uit, we zouden vandaag voor de voorbereidingen van de bestraling naar het ziekenhuis gaan. Deze keer niet in het Sophia, maar in Daniel den Hoed. We vertrokken deze keer dus extra vroeg omdat we daar nog nooit geweest waren.

Aangezien ik ook een echte dagdromer ben, droomde ik tijdens de autorit al snel weg. Het was een heel mooie dag, met een strakblauwe lucht en de zon die alles een beetje oranje kleurde. Zachtjes neuriede ik mee met de radio, ik voelde me goed en dacht praktisch nergens aan. Ik keek alleen naar buiten en zag lange, uitgestrekte weilanden en auto's die voorbij raasden. Ik vroeg me af waar de mensen in de auto naast ons naartoe gingen. En al snel had ik me helemaal verdiept in het stel in de rode auto. Ik bedacht me dat ook zij een eigen verhaal hadden, waarna ik me weer bedacht dat iedereen dat had. Zucht. Af en toe word ik gewoon moe van mijn eigen gedachten. Gelukkig werden die eventjes onderbroken toen ik tijdens het foute uur van Q-music het liedje 'Even aan mijn moeder vragen' hoorde. Ik begon mee te zingen en dacht aan Margit. Waarom weet ik ook niet precies, het komt vast omdat we allebei zo van Nederlandstalige nummers houden. Guus Meeuwis en Marco Borsato en ook nummers als deze blèren we gezellig mee. Een heel sterk gevoel dat ik zoveel van haar hou bekroop me, of het nou door het nummer kwam of omdat ik zo'n emotioneel wrak ben weet ik niet precies.

En ineens waren we er al, een heel nieuw ziekenhuis, met bar en bar weinig parkeerplaatsen. Dus we hadden met onze dikke auto de grootste moeite om een beetje fatsoenlijk te parkeren. Toen we binnenkwamen was mijn eerste indruk: bejaardenhuis. Het leek er echt op, dezelfde soort meubeltjes, bloemen en vloerbedekking. Heel het ziekenhuis was een beetje ouderwets en we moesten ook nog op zoek naar radiologie. Dat viel niet tegen en lukte aardig. Ik moest me nog wel even laten registreren en er moest een digitale pasfoto gemaakt worden.

Nadat ik geregistreerd was konden we plaatsnemen in de wachtkamer, en aangezien we in de kelder zaten waren er geen ramen. Dat maakte me ook nog een beetje zenuwachtiger en misschien zelfs een beetje bang. Puur en alleen omdat ik niet wist wat me te wachten stond. We waren er natuurlijk veel te vroeg en moesten dus drie kwartier wachten, in die tijd kwam ik wel weer een beetje tot rust. Alsof het er nog wel bij kon zat er een nogal, laten we zeggen, apart stel in de wachtkamer, ze waren erg aanwezig en nogal luidruchtig. Zij waren al aan de beurt geweest en gingen uitgebreid zitten bespreken hoe het was, geen probleem, maar ik had er geen behoefte aan, evenals de rest van het ziekenhuis. Begint die vrouw ineens keihard tegen die man te zeggen: 'Naaauh, als ie nou claustrofobiesj ben, denk ik dat di niej meeval hoor.'

Ten eerste is het zo plat Rotterdams dat ik er van moet lachen, en ten tweede ben ik als de dood voor liften, ik heb het niet op deze ruimte zonder ramen en ben dus misschien ietwat claustrofobisch. Nou, dit maakte mijn dag compleet.

Gelukkig waren we net aan de beurt, en ja hoor daar waren mijn kriebels weer. Met ietwat trillende knietjes liep ik samen met papa en mama het kamertje in. Het was een klein kamertje met niet meer dan een aanrecht, een soort tafel waar ik op moest liggen, en twee stoeltjes. Er waren ook twee mannen, een wat oudere en een jonge. Zucht, en wat voor jongen. Hij had een heel lieve, leuke uitstraling en het was gewoon een leuke jongen. Was me nog niet vaak overkomen in het ziekenhuis. Eigenlijk geven al die ziekenhuisseries je een compleet verkeerd beeld van hoe het er werkelijk aan toe gaat in een ziekenhuis. De meeste dokters die ik aan mijn bed heb gehad, leken in de verste verte niet op dokter McDreamy. Maar goed, vandaag dus wel een beetje. Hij legde me uit dat ze vandaag een zogenaamd masker voor me gingen maken, dat ik tijdens de bestraling aan zou hebben zodat ik stil zou liggen en iedere keer ook in dezelfde houding lig. Maar ook al had hij me verteld dat hij zo ontzettend van stamppot houdt, dan nog had ik dromerig naar hem gekeken en ja geknikt. Ik mocht mijn bovenkleding uitdoen en op de tafel komen liggen. Ja en dan voel je jezelf natuurlijk hélemaal lekker op je gemak. Maar goed, ik heb het overleefd en sprong op de tafel. Aangezien ik vooral oog had voor hem, ging het allemaal vrij snel. Hij legde me uit dat ze met een soort gipsgaasjes de mal voor het masker gingen maken. Omdat de gaasjes goed moeten aansluiten voor de optimale pasvorm, moesten ze goed worden aangedrukt en gladgestreken. Uitgerekend de leuke moest dat doen, en daar had ik totaal geen problemen mee. Het enige nadeel was dat ik continu jeuk aan mijn neus had en dus heel spastische trekjes met mijn neus vertoonde, aangezien ik niet kon krabben omdat mijn handen boven mijn hoofd moesten liggen. Nota bene nog stil ook, niet dat ik ze nog makkelijk kon bewegen, want ze tintelden erop los. Alles bij elkaar duurde het een half uurtje en was mijn angst eigenlijk voor niets geweest.

Hierna moesten we nog naar de patiëntenvoorlichting, waarin alles gewoon een beetje verteld en uitgelegd werd. Die vrouw heeft ons ook het bestralingsapparaat laten zien. Ik wist niet dat er zoveel verschillende waren, degene die ik kreeg heette Hermes. Het apparaat staat in een kamertje, waar je tijdens de bestraling meestal alleen bent, het apparaat wordt weer in een ander kamertje bestuurd door middel van computers en via camera's houden ze je vanuit daar ook in de gaten. En toen zat mijn ziekenhuisportie er gelukkig weer op voor die dag.

11

Zaterdag moest ik beginnen aan mijn sinterklaassurprise, waar ik eigenlijk al een tijdje eerder mee had moeten beginnen. Dat werd dus eerst de welbekende stress over wat je wel niet moet maken, en wat sint en piet dit jaar weer moesten schenken. En dan heb ik het nog geeneens over de bijbehorende stress bij het maken van een gedicht. Na lang denken was ik eruit, ik ging een groot voetbalveld maken, met voetballertjes en voetballende zwarte pietjes. De vraag was nu waar ik mijn voetballertjes van ging maken, dat werden uiteindelijk pijpenragertjes. En toen konden we naar de stad om de knutselspulletjes in te slaan. Dat is al iets op zich, op zaterdag naar de stad, zo ontzettend druk, en niemand zal ook maar een stapje opzij gaan voor de medemens, het is haast een kwestie van leven of dood. Lekker dramatisch. Maar goed, na veel geërger van mijn kant kwam het allemaal toch nog goed. Het leek wel of deze dag gemaakt was om lekker binnen te zitten knutselen, het waaide en regende heel hard, en dan vind ik het altijd heerlijk om heel de dag binnen te zitten, lekker met een boek op de bank en een kopje thee. Ik kan niet omschrijven hoe bijzonder 'gewoon' kan zijn.

Die avond keek ik in de spiegel en ik zag iets op de plaats waar ooit mijn wenkbrauwen zaten. Ik ging een stukje dichter bij de spiegel staan en zag tot mijn grote verbazing heuse stoppels zitten. Dit vroeg om een grondige inspectie. Geconcentreerd stond ik mezelf te bestuderen, en ja hoe langer ik keek, hoe meer ik er zag. Voorzichtig ging ik er met mijn vinger over heen en ik voelde ze zelfs. Ik ging me steeds een stukje beter voelen en op dat moment was ik zelfs blij geweest als ik haren op mijn bovenlip had aangetroffen. Gelukkig zaten die er niet, maar toen ik weer verder ging met mijn wenkbrauwen zag ik plots iets wat op wimpers leek. Ik zat bijna ín de spiegel om het goed te kunnen zien, maar ze zaten er echt. Ik kon ze zelfs voelen. Met een goed gevoel liep ik verder en dacht ik aan de dag dat ik mijn haar kwijtraakte. Na een van mijn eerste kuren begon het, mijn haaruitval. Tja, dat hoort er nu eenmaal bij. Steeds meer haar bleef achter in mijn borstel.

Op een dag had ik een grote knoop in mijn haar, maar durfde ik hem er niet uit te borstelen omdat ik bang was dat ik zo alles meetrok. Die dag gingen we ook naar de kapper. Via kennissen zijn we erachter gekomen dat ze daar heel mooie pruiken hebben, synthetische, maar ook van echt haar. We gingen erheen met de gedachte dat we een gesprek zouden hebben om kennis te maken, maar het tegendeel was waar. Hij ging meteen beginnen, waar ik achteraf heel blij mee ben, ik heb niet echt meegemaakt dat mijn haren er met bosjes tegelijk uitvielen. Met een tondeuse heeft hij al mijn haar er in één keer afgehaald, ik zag steeds meer blonde lokken op de grond vallen, mijn blonde lokken. En toen ik in de spiegel keek zag ik niet mezelf, maar voelde ik me een vrouw uit het leger met zo'n bijna kaal koppie. Het duurde lang voordat ik daaraan gewend was, maar op den duur begon ik het wel schattig te vinden.

Toen mijn eigen haar eraf was mocht ik verschillende pruiken passen. Ik wilde een pruik die het meeste op mijn eigen haar leek. Hij had ze kant-en-klaar liggen, in schoenendozen. Ik wilde ook per se een pruik van echt haar, ik wilde niet dat mensen van een kilometer afstand zagen dat ik een pruik op had. Na een paar pruiken gepast te hebben hadden we de goeie, dit was hem, de haarkleur was bijna identiek aan de mijne, alleen moest hij nog in model geknipt worden. Toen hij bezig was, was ik eigenlijk helemaal niet tevreden, ik leek niet meer op mezelf en dit was niet wat ik wilde. Toen hij klaar was probeerde ik een staartje, en dat maakte me weer vrolijk, zo vond ik het mooi. Na een tijdje raakte ik natuurlijk gewend aan mijn nieuwe haar en wist ik het zo te stylen dat het precies zat zoals ik wilde. Ik kwam binnen met mijn eigen blonde lokken en ging met die van iemand anders op mijn hoofd weer naar huis. En ik was tevreden. Later werd ik alleen nog maar meer tevreden omdat niemand ooit aan me heeft gevraagd of ik misschien een pruik droeg. Zelfs mensen wie we het verteld hebben reageerden verbaasd en vrijwel altijd met de reactie:

'Dat zou je niet zeggen, ik had het niet gezien.' Ik ben blij met mijn pruik, ik had het niet gekund om met een hoofddoekje mijn dagen door te komen. Maar natuurlijk is het ook moeilijk, iedere avond als ik ga slapen moet hij af en moeten we hem op een piepschuimen kop zetten. Iedere ochtend moet ik dan mijn haren uit de kast pakken en mijn haar opzetten. En als het buiten heel hard waait, waait mijn lok omhoog en zie je dat 'pruikenrandje'. O, en als iemand lekker met zijn handen door zijn haar gaat en het precies zo in model brengt als hij of zij het zelf wil. En ik mis het naar de kapper gaan en weer eens lekker iets anders met je haar doen. Maar goed, zo heb ieder nadeel zijn voordeel.

12

Ondertussen is het alweer dinsdag en ik voel me klote. Ik verander de laatste tijd vaker van humeur dan het Nederlandse weer verandert. Eigenlijk had ik gewoon een baaldag en zat alles tegen. Het begon natuurlijk al met opstaan, ik had me voorgenomen er vroeg uit te komen omdat ik anders zo moest stressen. Wat denk je? Ik verslaap me. Ik stoot mijn elleboog aan de deurklink, loop tegen mijn bed aan en verrek van de pijn, had ontzettend slecht geslapen, en ja dat is zo'n beetje hoe mijn hele dag eruitzag.

Ik moest weer naar het ziekenhuis en daar zag ik al ontzettend tegen-op. Ik moest mijn masker gaan passen, hij was nu van het gipsen borstbeeld overgegoten in een kunststof masker, het eindproduct. Het enige lichtpuntje van die dag was mijn weerzien met Willem, de leuke jongen die me vorige keer ingegipst had. Maar om mijn toch al zo fijne dag compleet te maken, was hij er niet. Gelukkig paste mijn masker precies en konden we door naar de volgende afspraak. Precies datgene waar ik totaal geen zin in had. We moesten naar de multi-sim. Eerst hadden we natuurlijk geen idee wat dat inhield, maar het kwam op hetzelfde neer als een CT-scan, en ik heb het niet op scans. Die vieze contrastvloeistof, die enge tunnel en het geluid van een was-machine die aanstaat als je erin ligt, niets voor mij. Gelukkig hoefde ik vandaag geen contrastvloeistof, ze gingen alleen streepjes en stipjes zetten op mijn masker. Bijvoorbeeld op plekjes waar ik moedervlek-ken heb, zo kunnen ze zien of ik iedere keer hetzelfde lig, want dat is weer van belang bij de bestraling. Verder zou ik vandaag dokter Nowak voor het eerst te zien krijgen, hij gaat de bestralingen uitvoe-ren. Had ik me ook een beetje op verheugd, en ja, vul het maar in, ook hij was er niet. Mijn dag kon niet meer stuk(ker).

Na de multi-sim konden we naar huis en hoorde ik me opgelucht te voelen. Ergens deed ik dat ook wel, maar ik kon er niet echt van genieten, ik zat die dag gewoon echt niet lekker in mijn vel. Had het heel eventjes gehad met werkelijk alles, de hele wereld en iedereen. Ik was het beu om ziek te zijn, mijn hele leven daaraan te moeten aanpassen. Ik wilde niet dat ik zo snel volwassen moest worden. Overal rekening mee te moeten houden. Niet alles te kunnen doen wat ik wil en wanneer ik wil. Afhankelijk te zijn van anderen, en vooral van papa en mama. Die op dit moment het grootste deel van de tijd bij me zijn, vroeger waren dat mijn vrienden en vriendinnen. Vroeger, voordat ik ziek werd. Ik gebruik het woord vroeger omdat het zo ver weg lijkt, veel te ver weg.

Tijdens de autorit naar huis ging het stukje bij beetje wat beter. Ik vind het altijd mooi als er allemaal oranje, gele en bruine herfstbladeren op de grond liggen, de lucht strakblauw is en de zon alles oranje kleurt. Met dat uitzicht vanuit de auto en de muziek op de achtergrond waarmee ik zachtjes meezong, voelde ik me plotseling wat beter. Er verscheen zelfs een glimlach op mijn gezicht bij het zien van een klein viaductje langs de snelweg. Er kwam ineens een herinnering aan vorige winter boven.

We hadden op school een aardrijkskundeopdracht gekregen die we in groepjes uit moesten voeren. We moesten onder andere een fietstocht houden en foto's maken van hoogteverschillen in de omgeving die ons toegewezen was. Omdat we de opdracht alle vier niet echt snapten, maar ik deed alsof ik dat wel deed, kregen we natuurlijk de meest lachwekkende conclusies en foto's. Ik heb zelfs op mijn buik op een fietspad gelegen en naar boven gefotografeerd om het hoogteverschil optisch groter te maken. Het was hartje winter en ijs- en ijskoud, we hadden geen echte route uitgestippeld, maar wisten dat we via Wouw naar Moerstraten wilden fietsen, terwijl het minstens -3 graden was, ik geen handschoenen aan had en we geen idee hadden dat vanuit Roosendaal naar Moerstraten fietsen wel heel erg ver was. Eenmaal in Wouw aangekomen hadden we geen idee hoe we nou verder naar Moerstraten moesten en besloten we naar een vriend te fietsen die in Wouw woonde. We waren alle vier half onderkoeld en

waren door het dolle heen toen ons daar een kop warme chocolademelk aangeboden werd. Onder het genot van ons heerlijk warme
kopje chocolademelk, pakten we de kaart erbij en ging ik vol trots wel
eens uitleggen hoe we gefietst waren en waar we naartoe wilden. De
moeder van onze vriend lachte me nog net niet uit, maar vertelde me
dat we eerst van Roosendaal naar Wouw waren gefietst, Wouw door
waren gereden en vervolgens weer bijna in Roosendaal zaten. Ja, daar
stond ik dan met mijn mond vol tanden, ik was er heilig van overtuigd dat we goed reden. Maar gelukkig, die moeder was zo lief, en
had waarschijnlijk ontzettend met ons te doen dat ze mij een paar
handschoenen aanbood (yes!) en ons met de auto naar Moerstraten
reed. Een kleine bijkomstigheid was dat ik net een beker warme chocolademelk ophad, en dan moet ik vooral niet in een auto gaan zitten.
Dat had ik me misschien een beetje eerder moeten bedenken, want we
waren de straat nog niet uit of ik was kotsmisselijk. Al met al kwam
ik toch nog met een vrij normale lichaamstemperatuur thuis en hadden we een 4.7 voor onze opdracht, maar het was het waard, want wat
hebben we gelachen.

13

De volgende ochtend was ik alleen thuis en besloot ik maar eens een mini-beautyochtendje in de badkamer te houden. Ik stapte lekker onder de douche en stond er een half uur hard zingend onder. Ik voelde me weer oké en met een goed gevoel kleedde ik me aan. De rest van de dag bracht ik door boven mijn Franse boek, ik wilde een proefwerk inhalen en er keihard voor leren. Het zat al aardig in mijn hoofd toen Ingrid me op kwam halen om nog een uurtje naar school te gaan. Thuis had ik mijn proefwerk wiskunde ingehaald en ik wilde het nu inleveren en meteen een wiskundeles meepikken. Ik was hartstikke blij met mijn 8.9! En ging met een nog beter gevoel dan die ochtend naar Maria Magdalena. Ik zou vanmiddag, sinds tijden, weer op de bank mogen. Ik had me er al een beetje op verheugd en mocht dan ook een half uurtje langer dan normaal. Ik lag helemaal gesetteld op de bank en sloot mijn ogen, ik was totaal ontspannen. Tot ik het gesnurk naast me opmerkte. Eerst vond ik het nog wel grappig, maar toen ik me maar niet nog meer kon ontspannen, begon ik me eraan te ergeren. Ik probeerde aan andere dingen te denken en hoorde plots het gesnurk niet meer. Ik opende mijn ogen (waarom ik dat deed weet ik nog steeds niet, alsof je het dan beter kan horen) en het gesnurk was inderdaad gestopt. Tevreden sloot ik mijn ogen en precies op dat moment begon het weer.

Toen besloot ik om te gaan luisteren of er een patroon in zat. Ik ontdekte inderdaad enige regelmaat, het ging van zacht naar heel hard, en tussendoor kwam een klein gesmak met de lippen. Uiteindelijk accepteerde ik het gesnurk van mijn buurtje maar en sloot ik mijn ogen.

Toen ik van de bank af kwam voelde ik me weer helemaal opgeknapt en ging ik met een goed gevoel naar huis, ik zou die avond even niets voor school doen, maar weer eens lekker ouderwets gaan bankhangen voor de buis. Ik keek zelf met plezier naar de reclames, tot er eentje verscheen over een of andere super-turbo-volume-mascara. Het blonde meisje met blauwe ogen en veel te grote borsten smeerde het goedje over haar toch al opgeplakte, neppe wimpers heen, en ja hoor, het resultaat was werkelijk verbluffend. Gets, ik wil ook van die wimpers. En daar sloeg mijn humeur weer om, maar ach, ik was er onderhand aan gewend.

We hadden die dag ook te horen gekregen dat we maandag 4 december om 10.00 uur aanwezig moesten zijn voor de operatie van de volgende dag. Het was natuurlijk fijn dat we nu alles wisten, maar voor mijn gevoel kwam het veel te dichtbij. Tot vandaag had ik iedereen met alle gemak verteld dat de operatie 5 december was, maar ach, dat klonk nog zo ver weg. En nu is het ineens over een paar dagen, de kriebels in mijn buik worden groter en ik begin al aardig zenuwachtig te worden. Maar een van de vele dingen die ik geleerd heb sinds ik ziek ben is, zoveel mogelijk te genieten van de goede dagen. En dat is precies datgene wat ik de komende dagen ga doen.

Om te beginnen ging ik vrijdag met mama heerlijk een dagje shoppen in Breda. Het was alweer veel te lang geleden dat we weer eens een moeder-dochterdagje hadden, dus dat hadden we dubbel en dwars verdiend. We vertrokken op tijd en namen in de parkeergarage een rolstoel mee, puur voor de zekerheid. En ik vind het fijner dat hij er wel is dan niet, dan heb ik tenminste iets om letterlijk en figuurlijk op terug te vallen. Het was, eindelijk, weer eens zo'n dag dat vrijwel alles meezat. In de eerste winkel die we binnenstapten had ik al een broek te pakken, hij paste en bovendien was hij maar 25 euries. Goede start van de dag. Op mijn geweldige eerste aankoop volgden nog een blouse, waar ik al keilang naar op zoek was, een vest, een shirt, een hemdje, fotolijstjes voor mijn nieuwe kamer, en als klap op de vuurpijl nog een heerlijke pyjama. Tegen de tijd dat ik al die dingen rijker was en mijn portemonnee aardig afgeslankt was, was het alweer lunchtijd. Wat inhield dat we naar dat ene restaurantje gingen waar ze die heerlijke huzarensalade met toast hadden. Nu kon mijn dag helemaal niet meer stuk, en om hem nog een stukje completer te maken kwam ik ook nog de gaafste schoenen tegen. Toen we half Breda leeg hadden geshopt en een beetje uitgeput waren, besloten we om nog eventjes langs Nienke te gaan. Ik was blij dat ik haar nog even zag, want ik had geen idee hoe lang ik haar moest gaan missen, en alsof ze mijn gedachten kon lezen kreeg ik de liefste en meeste knuffels en kusjes die ik ooit in zo'n korte tijd van haar gehad had. Het deed me goed en ik slikte snel mijn tranen weg, god, wat hou ik toch veel van haar.

Zaterdag moest er nog het een en ander aan mijn surprise gebeuren en zou Margit nog eventjes langskomen. Ze was er rond half twee en we hebben gewoon weer eens gezellig gekletst. Alles is zo veranderd sinds ik ziek ben. Het zijn niet mijn vrienden die ik het meest zie en met wie ik het meest van mijn tijd doorbreng, maar mijn ouders, en daar sta ik heus niet ieder moment van de dag bij stil, maar op zulke momenten voel ik het wel weer. En omdat Margit zo'n ontzettende schat is, had ze een heel leuke foto van ons in Parijs meegenomen en een superlief kaartje geschreven. Precies wat ik nodig had, dat gebaar dat er mensen zijn die aan je denken en met je meeleven. Toen ze wegging voelde ik me goed, maar niet voor lang, ik zakte min of meer in en begon me steeds rotter te voelen. Papa zag het aan me en eigenlijk kan ik altijd het beste met papa praten, maar nu, nu kon ik alleen maar leeg voor me uitstaren. Ik wist het niet meer en papa ook eventjes niet, hij zat daar maar naast me en had zijn hand op mijn schouder. Ik voelde zo ontzettend veel op dat moment, het gevoel dat ik gewoon niet echt gelukkig was, verdriet, en op de een of andere manier ook een soort woede, frustratie. Ik was het zo beu om ziek te zijn, ik wilde mijn leven terug, leven als een vijftienjarig meisje, me druk maken over school, mijn vrienden of huiswerk, maar niet over mijn gezondheid. Vanbinnen schreeuwde ik, ik wilde dat papa iets deed. Maar ik wist zelf niet eens wat, ik trok het echt niet meer. Waar ik ook mee zat, is dat bijna niemand weet hoe het echt met me gaat, papa en mama kunnen ook niet in mijn hoofd kijken, maar zij zijn de enigen bij wie ik altijd echt mezelf ben. Het is heel moeilijk om te weten dat bijvoorbeeld Margit, of andere vrienden en zelfs familie maar voor de helft weet hoe mijn leven er voor mij uitziet op dit moment. Zij weten niet dat ik eigenlijk gewoon niet gelukkig ben, dat ik me iedere dag minstens één keer ontzettend klote en verdrietig voel, en ook bijna iedere dag even huil. Misschien komt het wel omdat ik gewoon lach, en dan ook wel echt plezier heb, maar ik voel me gewoon niet goed, het lijkt wel of ik nu pas al mijn verdriet voel en ga verwerken. Soms doet het ook nog meer pijn, als mensen dingen zeggen als: 'Het komt nu allemaal goed en je moet nu nog even doorzetten', want ze hebben gelijk, echt waar, maar dat betekent niet dat alles nu rozengeur en maneschijn is. Integendeel, misschien gaat het lichamelijk nu wel heel erg vooruit, maar geestelijk is het gewoon ontzettend zwaar. En ik weet ook dat mensen het alleen maar goed bedoelen, en dat maakt het nog moeilijker.

Ik staarde nog steeds voor me uit, met papa nog steeds aan mijn zij, maar ik kon het niet meer aan. Hij wist niet wat hij moest doen, en dat zei hij ook. En toen schreeuwde ik: 'Ja iets! Doe dan iets!' Ik ben blij dat ik het zei, het kwam er nu tenminste uit, en ik kon met papa gaan praten, ik had zoveel behoefte aan zijn armen om me heen. Zijn sterke armen, die me troosten en me voor mijn gevoel tegen de hele wereld beschermen, ik wilde op dat moment eeuwig in papa's sterke armen blijven. Met zijn armen om me heen kon niemand me iets maken, en met zijn hand die zachtjes over mijn rug wreef voelde ik me weer een beetje rustiger. Ik heb misschien wel tien minuten zitten snotteren, met schokken en stoten huilde ik alle tranen uit mijn lijf, maar met die sterke, beschermende armen van papa om me heen was het niet erg.

Als ik me zo ontzettend rot of verdrietig voel, komt het meestal door iets heel kleins waardoor ik een beetje sip word, maar als ik dan een beetje sip ben komen al die dingen die me in en in verdrietig maken weer boven en dan zak ik weer in die diepe put. En dan is het zo moeilijk, want diep van binnen wil ik er dan het liefste uit klimmen, maar op de een of andere manier heb ik daar dan geen kracht voor, dat grote verdriet zit me dan in de weg, en dat verdriet gaat steeds een beetje weg door het eruit te huilen, te praten of te schrijven. En dan kan ik er langzaam weer uit klimmen, en het geeft niet hoe vaak ik nog in die put donder, als er altijd maar mensen om me heen zijn die me helpen om er weer uit te klimmen, en godzijdank zijn die er.

Edward is zo iemand, donderdag bijvoorbeeld, ik zag hem die dag voor de laatste keer voor mijn operatie. Hij steunt me zo goed, door zijn woorden, maar vooral door het gevoel dat hij me geeft. Hij wist niet precies wat hij die dag moest zeggen, maar zijn armen om me heen zeiden genoeg. Weer van die beschermende, sterke armen om me heen. Dit waren armen die zeiden dat ze van me houden, armen van een heel goede vriend en vooral armen waar ik heel veel van hou.

14

Maandag 4 december, de dag vóór de Grote Dag. Voor het grootste deel van Nederland betekende dat de dag voor pakjesavond, voor mij hield het de dag voor mijn operatie in. We werden 's ochtends al vroeg verwacht en dit keer niet oud en vertrouwd in het Sophia op 2 zuid, maar op 1, komt uiteindelijk op hetzelfde neer, maar op een andere verdieping en bovenal met een ander doel. De afdeling heet Kinderchirurgie 1 zuid. Kinderchirurgie, ik krijg al de kriebels als ik de naambordjes in de gangen zie hangen.

Op de afdeling aangekomen herken ik het meteen, de indeling is identiek aan de indeling van boven, en dat stelt me weer een beetje gerust. We krijgen meteen te horen dat we over een half uurtje een afspraak op Dijkzigt hebben, ik begrijp meteen dat het een gesprek met dokter Nowak inhoudt. Via de parkeergarage van het Sophia loop je zo op Dijkzigt, ik was er nog nooit geweest en het is werkelijk een gigantisch ziekenhuis, en nogal druk en hectisch ook.

Eenmaal op Radiologie aangekomen wist ik meteen wie dokter Nowak was, papa had hem gedetailleerd beschreven, en hij voldeed compleet aan deze beschrijving. Ik lachte zachtjes in mezelf om zijn verstrooide-professor-uitstraling en zijn leuke grijze professorkapsel. Na eventjes in de wachtkamer gezeten te hebben waren we al aan de beurt. Ik mocht hem meteen, hij was vriendelijk en legde alles tot in de puntjes uit.

Eerst wilde hij nog mijn allereerste scan laten zien, waarop de gehele tumor te zien was, ik kreeg al kippenvel bij de gedachte alleen al, maar zette me er overheen. Helaas pindakaas was er een storing in de computer en kon hij de scan niet aan me laten zien. Papa had hem al wel gezien, een andere keer, en was blij dat hij hem gezien had nadat we het nieuws hadden gekregen dat de tumor nu niet meer te zien was, want hij was toch wel aardig geschrokken. De dokter kon wel de scan van 28 juli laten zien, waarop de tumor al voor 50% gereduceerd was, maar aangezien ik een ramp ben in scans en röntgenfoto's ontcijferen kon ik er niet echt wijs uit. Daarnaast heeft hij ook verteld welke bijwerkingen er allemaal op kunnen treden. Daarbij moest ik bijvoorbeeld denken aan vermoeidheid en een rode huid, maar omdat ook een deel van mijn linkerlong bestraald wordt, kan ik daar ook last van krijgen. Mijn linkerlong wordt niet bestraald omdat de tumor daar zat, maar omdat er pleuravocht zat, en bij pleuravocht is de kans groot dat er tumorcellen in zitten. Hij heeft me ook heel duidelijk uitgelegd hoe de bestraling in mekaar zat en legde het uit met behulp van een rode en een zwarte viltstift, de rode waren de slechte en de zwarte waren de goede cellen. Wanneer er bestraling wordt gegeven gaan allebei de soorten cellen wankelen, als je de volgende dag dan weer bestraalt wankelt alleen de rode nog maar, omdat de zwarte zich kan herstellen en dat kunnen slechte cellen niet. Wanneer je bij deze bestraling de rode opnieuw raakt valt deze om. Hoewel hij me geen slecht nieuws bracht en alles juist hartstikke goed uitgelegd had, ging ik met een beetje een rotgevoel weg. Ik denk dat het kwam omdat alles onbekend is, en omdat ik me nu weer helemaal moet gaan instellen op dit nieuwe gedeelte van mijn genezingsproces.

Eenmaal terug in het Sophia moest ik nog steeds een beetje wennen aan mijn nieuwe afdeling. Ik had ook hier mijn eigen box, maar ditmaal zonder bed erin, er zou voor gezorgd worden, want ja, wat is een ziekenhuiskamer zonder ziekenhuisbed. Het was die dag nog aardig rustig en ik zag eigenlijk niet heel erg op tegen de operatie. De zenuwen kwamen waarschijnlijk de volgende ochtend pas.

En inderdaad, de volgende ochtend waren ze er, niet opvallend aanwezig, maar de eerste kriebels waren er. Ik moest nuchter blijven, had een polsbandje en kreeg zelfs zo'n blauw apenpakkie voor de O.K. Die ochtend kwam de eerste chirurg langs, dokter Van de Ven, een heel grote leuke Belg. Hij stelde me reuze op mijn gemak en legde precies uit wat er allemaal zou gaan gebeuren. Tijdens de operatie moesten er een aantal biopten genomen worden om er zeker van te zijn dat er geen slechte cellen meer zaten, want die zagen we immers niet meer op de scan. De tissue-expander moest ook geplaatst worden en dat kon mooi in één keer. Ze gingen proberen om deze ook te plaatsen via de gaatjes die ze gingen maken voor het nemen van de biopten, zo werd me een grote wond bespaart. De operatie werd uitgevoerd door hem en een heuse professor, en natuurlijk waren ook de nodige anesthesisten aanwezig. Onder andere een Duitser die gebrekkig Nederlands sprak, en die ontzettend op mijn lachspieren werkte. Het was net of ik in een heel slechte mop beland was: Wordt een meisje geopereerd, de chirurgen zijn Belgen, de anesthesist is een Duitser en de andere zijn Nederlanders…

Om 13.00 uur was het dan zover, we konden naar de O.K. en daar begon het helemaal, mijn zenuwkriebels rezen de pan uit. Samen met de zuster, mama en Snuf tegen me aan geklemd reden we door de gangen. Daar ging ik dan, in mijn operatiehemd, door de gangen van het Sophia kinderziekenhuis, op weg naar mijn tweede operatie in dit jaar, mijn tweede operatie in mijn hele leven. Gets, de zenuwen werden steeds erger naarmate we dichter bij de O.K. kwamen. Mama mocht gelukkig mee naar het kamertje waar ik in slaap gebracht werd. Ik kreeg het alleen maar nog benauwder toen ik al de apparatuur, slangetjes en de vele anesthesisten om me heen zag. Maar goed, ik had al mijn moed bij elkaar geraapt en stapte met puddingbenen over op het andere 'bed'. Mijn port a cach was al aangeprikt en ik kreeg daar ook mijn 'slaapmedicijnen' door toegediend. Het eerste was een goedje waar ik behoorlijk duizelig en draaierig van werd, ik nam het maar zoals het kwam en gaf me eraan over, ik sloot mijn ogen en wist dat mama tegen haar tranen vocht. Gelukkig had ze Snuf om op uit te huilen. Wat er daarna gebeurd is kan ik me niet herinneren, ik was al in diepe slaap.

Om 17.15 uur mocht papa eindelijk naar me toe, de operatie was voorbij en papa mocht me ophalen in de uitslaapkamer. Ik was behoorlijk suf en heb daar een tijdje gelegen. Ik kan me herinneren dat ik hele gesprekken volgde van de mensen daar, maar dat ik zelf niets zei. Om 18.00 uur waren we terug op de afdeling en heb ik vooral veel geslapen.

Donderdag ging het weer wat beter. We moesten voor een echo naar de röntgenafdeling. Ik werd met bed en al het kleine kamertje ingereden en was in gezelschap van een boel witte jassen. Papa en mama waren erbij, mijn zuster van de afdeling, dokter Van de Ven, een andere arts, de radioloog, een aantal co-assistenten en arts-assistenten en nog een aantal mensen waarvan ik nog niet precies weet waarom zij erbij waren. Ieders aandacht ging uit naar het kleine schermpje waar mijn nieren op te zien waren. Om de zoveel tijd zei iedereen: 'O, ja nu zie je het, ja, ja daar.' Ik had werkelijk geen idee wat waar te zien was, en ik zag echt alleen maar een schermpje met zwart en wit. Toch stemde ik maar in en knikte op de momenten dat iedereen dat deed, keek met een geïnteresseerde blik naar het schermpje en probeerde de indruk te wekken dat ik precies wist waar het over ging. Helaas kwam het erop neer dat de tissue-expander niet goed zat en mijn nieren op geen enkele manier beschermde.

Opeens was het stil in het kamertje en ik zag dat dokter Van de Ven duidelijk baalde. Ik werd teruggebracht naar de afdeling en had geen idee wat er ging gebeuren, niemand op dat moment, inclusief de artsen. Om 13.00 uur kwam een arts me vertellen dat ik voor de zekerheid vanaf nu nuchter moest blijven, want de kans dat ze eventueel opnieuw gingen opereren was aanwezig. Jeetje, wat er toen door me heen ging weet ik niet precies meer, al weet ik wel dat het heel veel was. Ik was net herstellende van mijn vorige operatie en nu dit.

De rest van de dag bleef ik ook echt nuchter. 's Avonds kwam dokter Van de Ven langs. Er waren twee opties, óf ze haalden de tissue-expander eruit en ik gaf mijn ene nier op, er valt immers te leven met één nier, óf de tissue-expander werd in een soort netje gehangen zodat hij wel zijn werk deed. Als ik koos voor het laatste, hield dat natuurlijk niet in dat het ook daadwerkelijk ging lukken. Deze operatie was ook nog nooit eerder uitgevoerd. Meestal wordt de tissue-expander gebruikt voor het oprekken van stukken huid. Het was alsof je een kind liet kiezen tussen McDonald's en spruitjes. Ik koos voor de spruitjes. Want spruitjes zijn immers gezonder.

Voor mijn gevoel was de tijd nog nooit zo langzaam gegaan, het leek of de klok expres zijn secondewijzer langzamer liet gaan. Het werd zeven uur, acht uur, negen uur, en toen het half tien was had ik het idee dat ik niet meer geopereerd zou worden, dat ze nu alleen nog maar spoedoperaties uitvoerden. Maar toch, om 22.00 uur mocht ik naar de O.K., voor de tweede keer deze week. Het is al afschuwelijk om door de gangen naar de O.K. gereden te worden, maar vooral wanneer het overal donker is en je geen mens meer tegenkomt op de gangen. Hier en daar liep nog een verdwaalde witte jas, maar daar bleef het dan ook bij. Deze keer mochten papa en mama alle twee mee, maar niet ver, ze mochten mee tot aan de deur van het ingrepencentrum en moesten me daar achterlaten. Ik was al niet in een opperbest humeur, en was ontzettend bang, maar toen een van de anesthesisten zei: 'U kunt hém nu gedag zeggen' kookte ik van binnen. Kan ik er wat aan doen dat ik een kaal koppie heb, pff, wat dácht ze. Nou, ze kon het mooi vergeten dat ik nog vriendelijk tegen haar ging doen. Chagrijnig vroeg ik aan haar: 'Bent u alleen?' Tot mijn opluchting zei ze dat er nog meerdere anesthesisten waren, onder andere ook de Duitser die bij de vorige operatie was. Voor de rest heb ik geen woord meer tegen haar gezegd en haar alleen maar boze blikken toegeworpen. Ik werd dit keer op de operatietafel in slaap gebracht en er was gelukkig ook een heel lieve anesthesist bij. Toen ik mijn kapje al ophad en de slaapmedicijnen ingespoten kreeg, vroeg hij wat voor hobby's ik had. Ik begon met opnoemen en kwam niet verder dan: 'Streetdanzz...' Lachend zei hij dat ik daar dan maar over moest gaan dromen.

Toen de operatie voorbij was mocht mama me op komen halen op de uitslaapkamer. Dit keer was ik er wat meer bij, hoewel het half twee 's nachts was. Maar hoewel mijn ogen wat beter openstonden dan de vorige keer heb ik wel vier keer hetzelfde gevraagd.

De dagen daarna verliepen redelijk goed. Ik had alleen wel de pech dat ik alsnog met een wat grotere wond opgescheept zat. Ongeveer iedere dag werd er een echo gemaakt en godzijdank zat het ballonnetje nu wel goed en als hij een week goed zou blijven zitten was het goed, dan zou hij ook zo blijven zitten. Ik zag de opluchting bij dokter Van de Ven van zijn gezicht druipen en voelde me precies zo.

Ik kwam terug op mijn kamer en de gezelligheid daarvan vrolijkte me een beetje op. Papa en Ingrid hadden de hele muur volgehangen met kerstlichtjes, slingers en kerstballen. Het zag er heel koddig uit, maar bovendien hartstikke gezellig. Ik ben dól op Kerst. Weken van tevoren ben ik altijd al druk in de weer met het kopen van kerstcadeautjes en tel ik de dagen af tot we de kerstboom gaan zetten. Dat het snel donker is buiten, is alleen maar een voordeel, dan komen de lichtjes in huis nog beter tot hun recht. Ik vind het heerlijk om de cadeautjes onder de boom per dag te zien vermenigvuldigen, om oneindig lang aan tafel te zitten en om gezellig met zijn allen te zijn. Spelletjes spelen met zijn allen, gezellig kletsen en herinneringen ophalen. Ik ben ook werkelijk dol op kerstfilms, van die heerlijke familiefilms die zich in Amerika afspelen en waar de huizen over de top versierd zijn, en natuurlijk hebben die films altijd een happy end. Tevergeefs hoop ik ook nog steeds ieder jaar op een witte Kerst, maar goed, je kan niet alles hebben.

Van het weekend kan ik me weinig herinneren. Ik weet wel dat ik een complete studie had gemaakt van het plafond, uit hoeveel vlakken deze bestond, en hoeveel latjes en hoeveel stipjes er gemiddeld per vlak op zaten. De rest van de dag vulde ik door te slapen en televisie te kijken. Ik kon het journaal zo ongeveer dromen, want die werd iedere vijf minuten herhaald. En zo werd het langzaam dinsdag, en dat betekent de dag van de cliniclowns. Zodra ik ze op de gang hoorde lachte ik al zachtjes in mezelf. En toen ze eenmaal op mijn kamer waren kon ik me maar met moeite inhouden, alleen al hoe ze eruit zien kan je de slappe lach bezorgen. Ik moest alleen behoorlijk rekening houden met mijn wond, want ik moest op een gegeven moment zo erg lachen dat het voelde alsof deze openscheurde.

We moesten vandaag ook nog een controle-echo laten maken. In het bijzijn van de zuster, papa en Snuf reden we naar de röntgenafdeling, maar door het tekort aan personeel op de afdeling moest de zuster al meteen weg. En daar zaten we dan, papa en ik, met Snuf en mijn ziekenhuisbed in de drukke wachtkamer van de röntgenafdeling. We wachtten en wachtten en wachtten. Ik had mijn overheerlijke Italiaanse bol met kaas, sla en komkommer op de afdeling achtergelaten en ik verlangde ernaar. We zaten hier inmiddels al drie kwartier te wachten. Tijdens de echo kwam het erop neer dat alles goed was. Dat betekende dat ik vrij was om te gaan. We konden eindelijk, na acht dagen ziekenhuis, ziekenhuisvoedsel, ziekenhuismensen en alle andere ziekenhuisshit, naar huis.

Terwijl papa en mama mijn kamer aan het ontkersten waren en de rest van mijn spullen aan het inpakken waren, kregen we nieuwe buurtjes die zich even kwamen voorstellen. Mijn nieuwe buurmeisje was ongeveer tien of elf jaar. Naarmate het gesprek vorderde, vertelden mijn ouders waarom ik hier was en haar ouders waarom zij hier was. Toen haar ouders vertelden dat ze kanker had ging er een koude rilling over mijn hele lijf heen, vooral omdat haar moeder aan mama vroeg of je wel lekker kon slapen op de opklapbedjes die voor de ouders bestemd waren. Die vraag gaf me het antwoord op de vraag of ze hier al vaker geweest waren, mooi niet dus. Ze waren totaal onbekend met alles wat met het ziekenhuis te maken had, ze stonden aan het begin van haar ziekte. Weer bekroop een vreselijke rilling en een vreselijk gevoel me. Ik wist wat haar te wachten stond, wat haar kon overkomen, hoe ziek ze kon worden, en vooral het verdriet en de pijn die zij en haar ouders iedere dag gingen voelen. Het greep me zo ontzettend aan, ze stond daar, lachend en onwetend, ze had al haar haren nog en zag er kerngezond uit. Ik kreeg sterk het gevoel dat ik haar wilde helpen, iets voor haar wilde doen. Maar ik wist dat ik weinig voor haar kon betekenen. Toch besloot ik om iets voor haar te kopen. We gingen naar het winkeltje en kochten een snoeptoren met een beterschapkaartje eraan. Toen we terugkwamen op de afdeling was ze niet op haar kamer en besloot ik om haar cadeautje maar met een briefje achter te laten. Sinds die dag denk ik nog iedere dag aan haar.

De rit naar huis was geen pretje, mijn lichaam was eraan gewend geraakt om dag en nacht op bed te liggen, dus een zittend autoritje van Rotterdam naar Roosendaal was niet echt bepaald fijn. Eenmaal thuis had ik sterk de behoefte aan mijn eigen bedje, wat betekende dat ik eerst de trap moest trotseren. Tot mijn grote opluchting kwam ik er zonder kleurscheuren vanaf en belandde ik heerlijk in mijn eigen bedje.

Vandaag gaat het al een stuk beter, ik heb vannacht zelfs op mijn zij geslapen en had nauwelijks nog pijn. Behalve die stekende pijn in mijn buikspieren (wat daarvan over was dan), maar daar viel mee te leven. Ik was het alleen strontbeu om dag en nacht in mijn pyjama rond te lopen, en had veel behoefte aan een gewone spijkerbroek om mijn reet. Het voelde goed toen ik aangekleed was en besloot zelfs naar beneden te gaan.

Daar heb ik mijn, veel-te-dikke-maar-o-zo-leuke, boek uitgelezen. En toen hij uit was ben ik een film gaan kijken, Love Actually. Het was zo'n heerlijk feel-goodfilm, eentje waar je heerlijk bij weg kon dromen, en bovendien ging hij over Kerst. Er liepen een aantal verhaallijnen door mekaar heen, onder andere een over een man die een vakantiehuisje in Frankrijk had, en zijn Portugese schoonmaakster. Ze zagen elkaar ontzettend zitten, maar door de verschillende talen konden en durfden ze dat niet te uiten. Ik heb me rot gelachen om het stukje waarbij zij een leeg koffiekopje van een stapel papieren haalde en deze, door de wind, in de vijver belandde. Het was de helft van het boek waar hij aan bezig was. Hysterisch sprong zij het water in en omdat hij anders een watje was sprong hij haar achterna. Ze praatten wel tegen elkaar, ieder in hun eigen taal, en het leuke was dat ze iedere keer precies hetzelfde zeiden. Toen kwam het afscheid, hij ging weer terug naar zijn land en zij naar het hare. Eenmaal thuis heeft hij een cursus Portugees gedaan en zocht haar op om haar ten huwelijk te vragen. Reuze romantisch natuurlijk, en door het zoetsappige muziekje op de achtergrond zat ik compleet mee te zwijmelen met tranen in mijn ogen en een grote glimlach op mijn gezicht. Om het verhaal compleet te maken had zij Engels geleerd en leefden ze nog lang en gelukkig. O, ik ben dol op dit soort films, ik heb mijn hoop op eeuwige liefde ondertussen al wel opgegeven, maar dat betekent niet dat de grote romanticus in mij er niet meer is. Geef mij maar een stapel zoetsappige romantische liefdesfilms en ik ben dolgelukkig.

Vrijdag was een druk dagje, Margit zou langskomen en de dvd van Evelien meenemen. Dat is onze lievelingsserie, om de kleinste dingen liggen we allebei krom van het lachen en natuurlijk zitten er ook vele herkenningspunten in de serie. Ik vond het heerlijk dat ze er weer was, we zaten op het moment allebei slecht in ons vel, en ik was zo ontzettend blij dat zij dat ook eindelijk eens toegaf. Ze is een beetje een binnenvetter, al wil ze dat zelf niet toegeven. Dat eigenwijze heeft ze van mij. Ze denkt áltijd eerst aan anderen en loopt zichzelf een beetje voorbij. Al haar emoties van de afgelopen tijd kwamen er nu uit en dat word wel eens tijd. Als verrassing had ze een stapeltje foto's van 'vroeger' meegenomen. Vele herinneringen kwamen boven en er verscheen een permanente glimlach op mijn gezicht.

Rond twee uur kwam Lydia langs, er was een vergadering over me geweest en er is een mogelijkheid dat ik nu mijn profiel al kies, waardoor de vakken die niet in dat profiel zitten voor mij nu al wegvallen. Mijn opluchting was groot, zeer groot. Ik was van plan te kiezen voor de M-stroom, de maatschappijstroom, en dan wilde ik kiezen voor Economie en Maatschappij. Dat hield in dat ik natuurkunde en scheikunde nu kon laten vallen, want als ik ergens slecht in ben is het dat wel. Formules maken en weet ik wat al niet meer is niet voor me weggelegd. Om nog maar niet te spreken over de proefjes die uitgevoerd moeten worden, gas dat niet dichtgedraaid is, omgestoten chemicaliën en dergelijke. Dat zijn dingen die me tijdens de scheikundeles regelmatig overkomen.

Mijn telefoon ging die avond een aantal keer. Toen ik de naam op het schermpje las verscheen er een verlegen glimlachje op mijn gezicht. Het was Edward. Op de een of andere manier doet hij nog steeds iets met me, ik weet niet precies wat. Ik denk terug aan ongeveer een jaar geleden, ik weet nog goed dat we voor het eerst schuifelden, op een of ander bal op dansles. Achteraf was het vrij lachwekkend, want het nummer waarop we dansten was *Parels* van K3. Ha, dat vergeet ik nooit meer. En vanaf dat moment ging ik weer helemaal op in mijn dagdroom. Ik bedenk me dat ik maar bof met zo'n goede vriend, en tegelijkertijd bedacht ik me dat hij ook het perfecte vriendje was, hij was zo'n vriendje dat je sms't om alleen welterusten te zeggen, dat ondanks het feit dat al zijn vrienden erbij staan een arm om je heen slaat, als je je rot voelt een dikke knuffel geeft, je behandelt als zijn prinses. Zucht, hij is vrijwel perfect. Het enige nadeel is dat ik geen wijs kan uit mijn eigen gevoel. Waarom moet alles zo ingewikkeld zijn? Waarom wordt er op school niet geleerd hoe de liefde in mekaar zit? Ik vind het best dat we leren hoe je de omtrek van een cirkel uitrekent, maar kunnen ze ons geen kansberekening geven, hoeveel procent kans is er dat hij je ziet staan? En kunnen ze ons met levensbeschouwing niet leren hoe we met het andere geslacht om moeten gaan, met een aantal tips voor de complete dummy's op liefdesgebied? Ik ben bang dat ik tot deze groep behoor. Zucht. Ik neem me voor dat ik niet zoveel meer ga dagdromen. Het wordt daardoor alleen maar een nog grotere warboel in mijn hoofd, en ook een beetje in mijn hart.

15

Maandag stond mijn volgende kuur alweer op me te wachten. Mijn laatste grote kuur! Nog een paar dagen ziek zijn en dan nooit nooit meer vastzitten aan die afschuwelijke kapstok-imiterende infuuspaal met die vieze chemozakken eraan, nooit meer dagen achter elkaar emmers vol kotsen, stinken naar de combinatie van chemo en ziekenhuis, nooit meer het drama rondom het aanprikken van mijn port a cach, gewoon nooit meer die vieze kuren waar ik ondertussen aardig aan gewend was geraakt. Maar ook nooit meer Kees, alle andere lieve verpleegsters van de afdeling, het opfleuren van mijn box met kerstverlichting en kaarten, pizza bestellen waardoor de hele afdeling dagen in een pizzalucht leeft, en nooit meer mijn favoriete spel in de speelkamer, tafelvoetballen. Nog één laatste keertje kuren op de afdeling en dan weer aan iets nieuws beginnen.

Geroutineerd als we waren gingen we maandagochtend eerst naar de poli. Het was het gebruikelijke liedje van wachten, bloed prikken, wachten, en het opnamegesprek. Alles was in orde en we konden door naar boven, waar mijn infuuspaal met zijn vrienden chemo en zak me alweer stonden op te wachten.

Dit was een van de eerste kuren die vrijwel vlekkeloos verliepen. Ik lag niet drie dagen kotsend op bed en kon zelfs een paar keer uit bed komen. Ik voelde me natuurlijk niet helemaal lekker, maar alles beter dan mijn gebruikelijke chemoreacties. Donderdag mochten we alweer naar huis en daarmee sloot ik een grote kloteperiode af en het voelde goed, héél goed. Het weekend had ik om op krachten te komen, want Kerstmis stond ook alweer voor de deur.

25 december, ik word wakker en realiseer me dat het Kerstmis is. Als ik het maar vaak genoeg tegen mezelf zeg ga ik er wel in geloven. Het

voelt totaal niet kerstig, en er ligt geeneens sneeuw om me te helpen geloven dat het nu toch echt zo ver is. Ik strompel naar beneden en daar staat een heerlijk kerstontbijt op tafel. Mijn kerstgevoel begint toch een beetje boven te komen nu, helemaal als alle kaarsjes en kerst- lichtjes aan zijn. Zachtjes lach ik in mezelf als ik de wentelteefjes op tafel zie staan, ik zeur er al jaren om, want ik moest en zou een keer wentelteefjes proeven en nu staan ze daar op tafel.

Na het heerlijke ontbijt brengt papa me naar Rotterdam, naar tante Lia. Samen met de familie van mama gaan we daar Kerst vieren. Aangezien papa en ik van-die-alleen-in-de-auto-te-voeren-serieuze- gesprekken hebben, had ik me al een beetje voorbereid. Maar wat hij dit keer tegen me zei, had ik never nooit niet voor kunnen bereiden. Hij begon nogal stuntelig met: 'Ahum... uh... Sies... nou... uh... ja... hoezoujehetvindenalsIngridenikgingentrouwen?' Dat laatste zei hij in één adem terwijl hij naar mijn verbaasde gezicht keek, en hij plakte daar meteen achteraan: 'Ja, maar jij blijft natuurlijk het aller belang- rijkste en...' Veel verder kwam hij niet, want ik onderbrak hem door te vragen of ik misschien heel even heel erg blij mocht zijn. Dat werk- te. O, wat was dit heerlijk om te horen, papa en Ingrid zijn zo leuk samen, ik kan me geen leukere lievere 'stiefmama' bedenken. Nou, dit was nog eens een leuke kerstgedachte, ik was door het dolle heen en mijn kerstgevoel was optimaal. Papa bracht me naar tante Lia en reed weer terug naar Roosendaal.

Het werd echt helemaal gezellig bij tante Lia, niet heel de familie was compleet, maar daar viel mee te leven. Sinds ik ziek ben gewor- den, heb ik echt gemerkt dat dit mijn familie is en wat dat betekent. Iedereen belt regelmatig, stuurt kaartjes of komt gewoon eens gezellig langs. Des te meer reden om een gezellige Kerst met zijn allen te heb- ben. Ik had het helemaal naar mijn zin, maar mijn lijf werkte ietwat tegen. Ik was druk in de weer in de keuken en helpen met het dekken van de tafel, maar daar zette mijn lijf wel even een stokje voor. Ik werd ontzettend moe en voelde me niet lekker. Fijn, alsof daar niet een beter moment voor uit te zoeken was. Ik wist dat ik papa moest bel- len om me op te komen halen, want anders zat ik hier maar met een lang gezicht en het lijf van een tachtigjarige aan tafel, maar ik vond het niets leuk.

Papa was er sneller dan het licht en het verbaasde me dat hij nog in bezit was van zijn rijbewijs. Al met al was het heel erg gezellig en het feit dat ik eigenlijk nog veel langer had willen blijven, daar valt mee te leven.

Ik kon ons eerdere gesprek natuurlijk niet zomaar ongezien voorbij laten gaan, en vroeg aan mijn verliefde vader (van bijna vijftig die waarschijnlijk gaat trouwen!) hoe Ingrid en hij elkaar gevonden hadden. Hij vertelde me dat Ingrid al eerder een oogje op hem had en dat ze tijdens een tennistoernooi op het werk elkaar beter leerden kennen. Daarna zijn ze samen wat gaan eten, maar omdat ze zo ontzettend gezellig en goed met elkaar konden praten hadden ze hun eten amper aangeraakt. En nu komt het mooiste. Toen ze bij het restaurant buiten stonden, en dit zijn papa's letterlijke woorden, 'stonden we te zoenen als twee verliefde pubers'. Ik kon er niets aan doen, maar de tranen stroomden over mijn wang. Zoiets als ware liefde bestaat dus nog steeds en om me daar bewust van te worden hoef ik alleen maar naar mijn eigen dolverliefde papa te kijken.

De volgende ochtend werd ik wakker, niet met dezelfde gedachte als de vorige, nee, ik zat volkomen in de kerstsfeer. Misschien kwam dat omdat ik bij mama was, waar we deze ochtend de cadeautjes uit gingen pakken. Ik moet er wel bij zeggen dat het geen cadeautjes onder de kerstboom meer zijn, maar meer heel heel veel cadeautjes met daar tussenin een kerstboom. Dat werkt natuurlijk wel mee om je kerstgevoel op te krikken. Juul en Jos kwamen ook en met zijn vijven hadden we een verrukkelijke kerstbrunch. Ieders handen kriebelden natuurlijk om de pakjes open te maken, dus de tafel was behoorlijk snel afgeruimd. We zijn ruim anderhalf uur bezig geweest met alle cadeautjes en dat is ieder jaar weer een feest.

Later die dag ging ik naar papa, waar we lekker zouden gaan eten met Ingrid en tante Lia, samen met nog een paar kleine pakjes. Het kerstdiner was werkelijk verrukkelijk. Ik wilde per se een amuse, omdat dat chic is en dat hoort nou eenmaal bij Kerstmis. Dus we hadden een heerlijke amuse, daarna soep en als hoofdgerecht rosbief en heel veel lekkere bijgerechten en dan als klap op de vuurpijl een heerlijk toetje. Het heeft een Franse naam die ik telkens vergeet, maar het bestaat uit lange vingers, frambozen en een soort yoghurt en het is fantastisch. Ook al was deze een beetje ingezakt en leek hij niet echt meer op het plaatje uit Allerhande, hij smaakte geweldig. Kortom, mijn Kerst was helemaal leuk!

De dag na Kerstmis konden we weer naar het ziekenhuis. Door een heel klein pietepeuterig kutfoutje in de administratie kon mijn hele masker overnieuw gemaakt worden. Wat betekende dat mijn bestraling weer uitgesteld moest worden, wat weer inhield dat de korte kuren daarna ook weer opschoven en waar het uiteindelijk op neerkwam, was dat het hele gebeuren weer langer ging duren. Ze hadden mijn masker gemaakt toen ik op mijn rug lag, maar ik moest eigenlijk op mijn buik liggen. Kon het weer lekker helemaal overnieuw. Weer een drama met parkeren bij Daniel den Hoed, en opnieuw dat ouderwetse, bedompte ziekenhuis in. Gelukkig wist ik dit keer wat me ongeveer te wachten stond en was ik niet zo zenuwachtig. Oké, ik moet toegeven, wel een beetje, want de kans zat er dik in dat ik Willem weer terug zou zien.

Ik was vrij snel aan de beurt en het liedje begon weer van voren af aan, helaas zonder Willem. Het enige verschil was dat ik nu erg op mijn lenigheid werd aangewezen aangezien ik op mijn buik op die tafel moest komen te liggen. Heel handig is het niet, moet ik zeggen, op zo'n stalen plaat, maar ik ben er alsnog opgekomen. Eerst werd ik ingesmeerd met een soort huidbeschermende zalf, en daarna werd ik in huishoudfolie gerold, het was bijna te vergelijken met een schoonheidsbehandeling. Hierop volgden de strookjes gips en het verstevigingslaagje. Als dat alles klaar is, moet het nog een paar minuutjes uitharden en kan het masker eraf gehaald worden. Wat een complete opluchting is, want ik was ondertussen zo stijf als een hark en met overal rode plekken van die stalen tafel. Maar goed, het was weer gebeurd en we konden naar huis. Hopen dat nu alles wel goed gegaan is.

16

Het is vandaag 31 december, wat betekent dat dit klotejaar eindelijk voorbij is en we morgen alweer met een nieuw kunnen beginnen. Maar niet voordat we Oud & Nieuw gevierd hebben. Dit jaar vier ik het bij mama, samen met Frans, Juul en Jos. Ik werd wakker bij papa, dus die bracht me 's middags naar mama. Overal hoorde je al harde knallen van het vuurwerk en we waren ondertussen al bijna bij mama. We reden langs het pleintje en ik zag een paar jongens vuurwerk afsteken, mijn adem stokte toen ik zag wie die ene jongen was. Het was Ronald, die ik al een hele tijd niet gezien had. En ik ben helemaal over hem heen, al een tijdje, ik voel niets meer voor hem en ik ben bang dat ik ook geen vrienden meer met hem wil en kan zijn, maar waarom, waarom voel ik me dan zo ontzettend rot en verdrietig als ik hem weer gezien heb? Alle zondagen flitsen weer door mijn hoofd, al onze gesprekken, al die keren dat we samen de slappe lach hadden, al die keren dat we wel vijf minuten stil waren en alleen maar in elkaars ogen lagen te staren, al die dingen die hij tegen me zei en die ik geloofde. Shit. Ik heb echt geen idee waarom ik hier in godsnaam aan loop te denken, ik mis hem geeneens meer, waarom zit ik toch zo verdomd ingewikkeld in elkaar?!

Goed, ik weet niet precies wie ik daarmee voor de gek wil houden, want ik mis hem duidelijk wél. Ik bedoel, ik vind het echt ontzettend klote dat het zo uit is gegaan en dat we sindsdien geen woord meer hebben gewisseld. Het is zo moeilijk voor te stellen hoe het voelt om zo'n dierbaar iemand kwijt te raken. Ik weet dat het allemaal nogal dramatisch klinkt en dat het misschien ook nog wel goed zou kunnen komen, maar ik wil niet wéér de eerste stap zetten om het goed te maken. Als hij echt om me zou geven, zou hij heus wel een keer gesms't hebben om te vragen hoe het met me ging, of me op school gewoon begroeten. Ik weet ook wel dat het niet alleen aan hem ligt, maar ik kan gewoon nog niet zo goed met mijn verdriet overweg. Is het niet een klein beetje normaal dat hij nog bijna iedere dag in mijn hoofd rondloopt en dat ik mijn beste vriend terug wil? Is dat nou zo vreemd?

Gelukkig duurde mijn halve zenuwinzinking niet erg lang. En braken de oer-Hollandse rituelen die bij Oud & Nieuw horen aan. We hebben eerst gezellig zitten kletsen, wat spelletjes gedaan, gegeten, en nog wat spelletjes gedaan, opnieuw gegeten en cabaret gekeken. Dat alles onder het genot van een glaasje heerlijke witte wijn, en als gevolg daarvan mijn rode wangen. Ondertussen was het al bijna twaalf uur en stond de champagne al koud, met zijn vijven keken we geconcentreerd naar de klok op televisie en telden we met zijn allen af.
Gelukkig nieuwjaar! Nu barstte het vuurwerk helemaal los en trok iedereen zijn jas aan om naar buiten te gaan. Alle buurtjes een gelukkig nieuwjaar wensen, ik vond het heerlijk. Sommige mensen kende ik geeneens, maar met deze Oud & Nieuw maakte het me niets uit en deelde ik zonder problemen steeds drie zoenen en de beste wensen uit. Klaar met dit klotejaar, op naar 2007!

Jammer genoeg ging het regenen en speelde mijn angst voor al het vuurwerk ook aardig op, aangezien de buurjongens nogal van knalvuurwerk hielden, en gingen we weer naar binnen. Het was een gezellige avond en ondertussen alweer een nieuw jaar. Om twee uur lag ik in bed en ik was vastbesloten om met volle teugen van dit nieuwe jaar te gaan genieten. Vandaar dat ik met mijn ogen wijd opengesperd in bed lag, en me lag te bedenken hoe ik dat het beste kon doen. Het kwam neer op wat ik altijd doe als ik niet kan slapen, dromen en denken.

Een nieuw jaar betekent nieuwe kansen, ook op liefdesgebied. Dus toen ik het vaak genoeg tegen mezelf had gezegd, was ik ervan overtuigd dat het nieuwe jaar me mijn prins op het witte paard zou brengen.

Vast en zeker
Hoogstwaarschijnlijk
Misschien
Heel misschien
Waarschijnlijk niet
….

Maar goed, fantaseren kon geen kwaad en ik was al aardig op weg met het beeld dat ik heb van mijn droomboy. Hij moet natuurlijk lief zijn voor me, en grappig, en attent, dat hij me soms zomaar heel onverwacht kan verrassen, hmm, verrassingen zijn meestal onverwacht, maar goed, hij moet leuk zijn, lief en eerlijk, betrouwbaar, sociaal, zorgzaam, lief, behulpzaam, grappig, ik moet met hem kunnen praten, lief, vriendelijk, en leuke vrienden hebben, en bij voorkeur ook bij me op school zitten, als het even kan mij als zijn prinses behandelen en hij moet een leuke uitstraling hebben. Over dat laatste hebben Margit en ik complete theorieën, het is niet dat we een jongen willen die helemaal superduperknap is, type fotomodel, maar hij moet gewoon dat ene hebben, niemand weet precies wat dat ene inhoud, en het is ook voor iedereen anders, en waarschijnlijk snapt niemand iets van onze theorie, maar ik vind hem geweldig. Ik beleef altijd veel plezier aan dit soort fantasieën, maar op de een of andere manier, als ik uitgefantaseerd ben, voel ik me teleurgesteld, omdat ik weet dat ik zo'n jongen hoogstwaarschijnlijk nooit tegenkom.

Vanavond was het dan eindelijk zover, die ene avond waar ik al de hele kerstvakantie naar uitkijk. Met Kerst had ik Margit en Lieke verrast met een kerstcadeautje, we zouden vrijdag 5 januari met zijn drietjes heerlijk uit eten gaan. Vandaag dus, en ik kan werkelijk niet wachten. Voelt haast net als een spannende eerste date met die ene leuke jongen, zo zenuwachtig ben ik. Eigenlijk baal ik wel een beetje dat ik zo zenuwachtig ben, het zijn mijn beste vriendinnetjes, maar die zie ik niet meer iedere dag en het is gewoon allemaal niet meer als vroeger. Het is gewoon veel en veel te lang geleden dat we iets leuks met zijn drieën gedaan hebben. Om vijf uur kwamen ze eerst even wat drinken bij mij thuis, en het was gelukkig als vanouds, de tijd vloog voorbij ondanks de gigantische honger die we hadden, en we kletsten wat af. Om een uur of zeven reden we naar het restaurant en begon de avond pas echt. Het eten was heerlijk, de sfeer was goed en ik voelde me dol en dolgelukkig. De meest diepgaande gesprekken werden afgewisseld door een aantal flinke lachsessies en het was ontzettend gezellig. Na het toetje besloten we om nog een kopje thee te drinken en daarna naar huis te gaan. Van een van de serveersters kregen we te horen dat we dit rondje van de ober kregen. Uiteindelijk bleek dus dat hij Margit wel zag zitten, en als heuse giechelmeiden kwamen we niet meer bij van het lachen. Margit had namelijk tijdens het eten een soort van gesolliciteerd naar een baantje in de keuken en ze hadden wel iemand nodig. Later die avond kregen we te horen dat ze al praktisch aangenomen was en ze alleen de dag daarna nog even langs moest komen. De ober die een oogje had op Margit, zag dat natuurlijk als een kans om haar weer te zien en zei daarom heel gretig: 'Ooo, dan kom ik ook wel eventjes langs' om vervolgens een kop als een boei te krijgen en zich vlug te herstellen door te zeggen: 'Dan ben ik toch in de buurt…' O, het was een heerlijke avond, eentje die nog duizenden keren herhaald mag worden.

De volgende dag gingen papa en ik eventjes de stad in om nog een aantal spulletjes voor mijn nieuwe kamer te zoeken. Nou goed, voor mijn nog-op-te-knappen-kamer, maar er is niets mis met een beetje voorpret. Omdat mijn conditie al maanden in een dal zit, nemen we altijd de rolstoel mee als we een dagje weg gaan, nu dus ook. In het begin had ik een hekel aan dat ding, maar nu kan ik er alleen maar mee lachen. Er zitten van die beugels aan met voetsteunen, deze steken nogal uit en degene die me rondrijdt heeft dat niet altijd in de gaten, waardoor we al een hoop mensen zere enkels hebben bezorgd. Maar goed, we waren dus op zoek naar leuke spulletjes voor mijn kamer. Heb ik net de spiegel van mijn dromen in mijn handen, zie ik daarin die ober van gisteravond! Wat denk je, schiet ik keihard in de lach terwijl het vrijwel stil was in die winkel. Ik herstelde me snel en draaide me om, in de hoop dat hij me niet herkende. Mijn lachbui was helaas nog niet weg en ik moest letterlijk op mijn tong bijten om niet nog een keer hardop in lachen uit te barsten. Ik hield er natuurlijk geen rekening mee dat die hele muur vol hing met spiegels en hij me gewoon, proestend van het lachen, kon zien in een van die spiegels. Het laatste wat ik zag, was dat hij met zijn moeder en een rood hoofd wegliep. Heb ik weer. Maar goed, ondertussen had ik wel mooi de halve winkel leeggeshopt en was ik compleet geslaagd.

De dag daarna was het een heerlijke ouderwetse zondag, een beetje uitslapen, lekker ontbijten en oude filmpjes kijken. Papa heeft stapels bandjes van toen ik nog klein was. Heerlijk op de bank genieten van die filmpjes, ik heb ze stuk voor stuk al honderd keer gezien, maar ik vind het geweldig.

Later die dag gingen we nog naar het kerkhof, eventjes langs oma. Ze is in 2002 overleden, precies op mijn verjaardag. Het klinkt misschien een beetje vreemd, maar ik vind het mooi. Iedere verjaardag denk ik daarom extra veel aan oma. Jammer genoeg heb ik haar niet echt goed gekend. Vroeger is oma met de boot vanuit Indonesië naar Nederland gekomen, met haar vier zoons en in verwachting van papa. Van alle verhalen die ik over oma heb gehoord, heb ik een aardig goed beeld van haar. En daardoor kan ik zonder enige twijfel zeggen dat ik er ontzettend trots op ben dat ik zoveel op haar lijk. Het was typisch weer om op een kerkhof te zijn, de lucht was grijs, grauw en somber. Het deed me goed om bij oma te zijn en te zien dat er veel mooie plantjes op het graf stonden. Glimlachend keek ik naar haar foto en praatte ik in gedachten een beetje tegen haar. Nadat we bij oma geweest waren liepen we nog even naar het graf van Marjoke, want dat was vlakbij. Een verdrietig gevoel bekroop me eventjes, god, wat was dit oneerlijk, wie neemt nou in godsnaam zo'n lieve moeder bij haar kinderen en man weg. Maar bij het zien van het kleine kerstboompje op haar graf en de gedachte aan haar verscheen er weer een glimlach op mijn gezicht.

Die avond was ik hartstikke opgewonden en zenuwachtig over de dag die komen zou. Ik zou éindelijk weer naar school gaan, ik was er al dik een maand niet geweest en ik heb het echt gemist. De halve kerstvakantie heb ik doorgebracht boven mijn schoolboeken en ik heb nog net niet de dagen afgeteld om weer naar school te kunnen. Het klinkt misschien raar dat een vijftienjarig meisje zin heeft om naar school te gaan, maar het is voor mij een soort moment van vrijheid. Voordat ik ziek was, was ik veel vrijer, dat besef ik pas sinds een tijdje, maar toen was het gewoon dat ik mijn weekenden doorbracht met mijn vrienden of zomaar mijn fiets pakte en ergens heen ging. Nu doe ik niets meer alleen en ben ik vrijwel altijd samen met mijn ouders, wat ik niet erg vind, want dat is ook altijd gezellig, maar als ik ook maar een klein stukje terug kan krijgen van mijn oude leventje, grijp ik die kans met beide armen aan. Dus het voelde werkelijk heerlijk dat ik weer naar school mocht, en ook al was ik er maar een paar uurtjes, het was de moeite waard en ik kon er weer aan wennen dat ik hier vanaf nu weer een groot deel van mijn tijd door ging brengen in plaats van in een ziekenhuisbed. O yes!

Vanaf de dag dat ik mijn wimpers en wenkbrauwen constateerde, houd ik het iedere dag nauwlettend in de gaten. Geen enkel nieuw haartje dat ik ongezien voorbij laat groeien. Dolblij was ik met die drie kleine haartjes die trots rondom mijn ogen groeiden en die zich met de dag vermenigvuldigden. Op een gegeven moment waren ze zover gegroeid dat ik de uitdaging aandurfde om met mijn mascara in mijn hand naar de spiegel te lopen. Vervolgens stond ik eerst een half uur te draaien en te keren om maar iedere verschillende hoek van de lichtinval op mijn gezicht te laten vallen, waardoor ik steeds nieuwe wimpertjes ontdekte. Met trillende handen maakte ik voorzichtig de mascara open en bracht hem langzaam naar mijn oog. Ik adem diep in, tel tot drie, en daar gaat ie dan. Na een tijdje stopte ik met smeren en keek naar het resultaat in de spiegel en toen gebeurde het. Ik zag mijn wimpers gewoon, alsof ze nooit weg waren geweest, en dat ontlokte me tot een heus vreugdedansje. Ik kon wel gillen van blijdschap en ik geloof dat ik dat nog gedaan heb ook.

Huppelend ging ik naar beneden en opgewonden en overenthousiast vertelde ik papa dat ik mascara op had. Zijn reactie: 'O, ehm, ja, oké…?' en hij kijkt me met een verbaasde blik aan. Hij had natuurlijk niet in de gaten dat je zonder wimpers geen mascara kunt gebruiken, maar dat kon me niets schelen, want ik was blij genoeg voor de rest van de dag, misschien wel voor de rest van de week.

17

Ik zit zomaar eens door al mijn bestanden op de computer te bladeren en kom foto's tegen van wat jaren geleden lijkt, werkstukken voor school en oude msn-gesprekken. Ook kom ik een stukje tegen dat papa geschreven heeft over mijn ziek zijn:

In het ziekenhuis in Roosendaal kwamen ze er niet uit en dokter van der Velden, de kinderarts, vond dat het beter was dat we naar Rotterdam gingen. Voordat we vertrokken, werd er nog een scan gemaakt. Uit deze scan bleek het verschrikkelijkste nieuws dat ik ooit in mijn leven heb gehoord: 'Er zit iets in de buik.'

Jaleesa stelde aan de arts twee vragen, die mijn grootste angsten exact beschreven:

1 Is het behandelbaar?
2 Zijn we niet te laat?

Over direct gesproken! De antwoorden van de dokter waren diplomatiek en beduidend minder direct.

Dokter Van der Velden nam me even apart om het een en ander door te praten. Ik kon het niet bevatten; kon er niet mee omgaan. Echtscheiding, eigen zaak opnieuw opbouwen, geld verliezen, schulden terugbetalen dat is geen probleem, dat kan ik handlen en oplossen, maar dit...

Die avond was het hartstikke druk tijdens het bezoekuur van Jaleesa; iedereen kwam en zag heel bedrukt. Een echte grafstemming; toen dacht ik: 'Dit nooit. Hier gaan we uitkomen, iemand zo puur en mooi als Jaleesa heeft hier nog een taak en die is nog niet af.'

De dag daarop zouden we naar het Sophia ziekenhuis in Rotterdam gaan; 's avonds ben ik bij Jaleesa in het ziekenhuis gebleven. Toen vroeg ze of het erg was om naar Rotterdam te gaan; met een brok in mijn keel zei ik dat het erg was dat ze ziek was, maar dat het goed was om naar Rotterdam te gaan. Daarna zei ze dat mama hulp had gevraagd aan ons lieve Heertje en dat mama toen helemaal warm werd; het zal dus wel goed komen.

De volgende dag met de ambulance naar Sophia in Rotterdam, Jaleesa ging met Wilma achterin, ik mocht naast de chauffeur.

Ingrid en Frans reden ieder met hun eigen auto achterop om alle kaarten en spullen mee te nemen.

Het was de dag voor Hemelvaart en dus een lage personeelsbezetting. Ondanks dat straalde de afdeling een zodanige professionaliteit uit dat je er rustig van werd.

De oncoloog, dokter Auke Beishuizen, kwam vertellen wat er ging gebeuren:

Daags na Hemelvaart zou Jaleesa geopereerd worden; tijdens deze operatie zou een aantal dingen plaatsvinden: biopsie, plaatsen port a cach (hierlangs kon bloed worden afgenomen en medicijnen toegediend, zodat de aders niet kapot werden geprikt), ruggenmergpunctie etc.

Tijdens de operatie en de dagen daarna heeft Jaleesa zich voortreffelijk gedragen. Toen kwam op 1 juni 2006 het verschrikkelijke nieuws: kanker. Kanker in de weke delen. Een of ander moeilijk woord: Rhab domylio sarcoom of zoiets. Moeilijke woorden zijn normaal geen probleem; dit heb ik waarschijnlijk geblokt. Kanker. Kut. Klote. Kan niet. God? God? Waar ben je nou? Waarom Jaleesa; het beste van de hele wereld. Waarom niet mij of een miljoen anderen; waarom Jaleesa. Brand allemaal maar af. Steek heel de wereld in de fik. Vlieg twintigduizend Twin Towers binnen, maar blijf af van Jaleesa.

Hoe Jaleesa reageerde? Haar eerste reactie was: 'Hoe vertel ik dit aan Lieke, Margit en Nienke, haar nichtje?' Ze was liever even alleen om het haar vriendinnen te vertellen. Net zoals ze jaren geleden haar vriendinnen vertelde dat papa en mama gingen scheiden. Verdriet had ze daarvan. Wat heeft zij al allemaal moeten doorstaan en nu dit.

Mijn dochter, mijn Allessie.

Machteloos sta je; machteloos, besluiteloos, ontiegelijk kwaad. Jouw kind voor wie je alles wilt oplossen, voor wie je alles wilt doen, voor wie je je leven wilt geven; die is ziek en jij kunt niets, helemaal niets. Die vraag, die ene vraag, die je ook in haar ogen kunt lezen: 'Word ik beter?!' Je weet het niet, je weet het verdomme niet; je kunt geen antwoord geven; je kunt niets voor je dochter doen!!!!!

Kapot ben je, helemaal kapot. En weet je door wie je getroost wordt? Door wie? Door je dochter, door diegene die ziek is. Die houdt moed, die houdt vol, die is positief en die, die gaat het redden. Wat een slappe zak ben ik; ik moet sterk zijn voor Jaleesa, en ik haal mijn kracht juist uit haar. Maar wat een liefde voel ik, wat houden wij van elkaar; dit voelt goed; dit is goed, dit komt goed, dit blijft goed. Ze gaat die klote ziekte overwinnen; ze wordt beter.

Het is bijna een weerspiegeling van mijn eigen gevoelens, en iedere keer als ik het weer lees kruipt er een rilling over mijn armen en stromen de tranen over mijn wangen.

En opnieuw kwamen die tranen toen ik donderdag tijdens mentorles voor de klas stond. Mijn mentor had me verteld dat er van veel leerlingen vragen over me waren, hoe het nu met me gaat en wat er allemaal nog moet gaan gebeuren. Een fijn gevoel, om te weten dat er mensen zijn die met je meeleven, en daarom vond ik het ook helemaal niet erg om even mijn zegje te doen voor de klas. Maar toen ik eenmaal voor de klas stond, met zo ongeveer dertig paar ogen op mij gericht, kon ik niet veel meer uitbrengen dan een paar korte zinnetjes over de bestraling. De helft van wat er gebeurd is en gaat gebeuren kwam gewoon niet in mijn hoofd op. Ook mijn tranen zorgden voor de nodige afleiding, waardoor ik nog belabberder uit mijn woorden kwam. Gelukkig nam mijn mentor het zo ongeveer van me over en kort daarna ging de bel. Snel veegde ik de tranen uit mijn ogen en ademde ik een paar keer diep in en uit. Vallen, opstaan en weer doorgaan. Vooral doorgaan.

De volgende dag moesten we weer naar het ziekenhuis. Niets engs of ingrijpends, gewoon een simpel gesprekje met dokter Beishuizen en op verzoek van dokter Nowak een foto van mijn hand. Toen ik dat hoorde schrok ik me natuurlijk eerst helemaal te pletter, maar gelukkig er was niets aan de hand. Letterlijk en figuurlijk. Met behulp van de foto die genomen werd kon dokter Nowak zien of ik uitgegroeid was of niet, want dat was weer van belang bij de bestraling. Het linkerdeel van mijn wervelkolom moet namelijk worden bestraald, omdat die nu eenmaal in het bestralingsgebied ligt. Wanneer ik nog niet uitgegroeid ben, moeten ze ook het rechterdeel van mijn wervelkolom mee bestralen omdat ik anders scheef ga groeien. Waar ze allemaal wel geen rekening mee moeten houden.

Maar goed, uit de foto's bleek dat mijn middenhandsbeentjes nog niet compleet waren verbeend, en de uitleg van de dokter werd vervolgd met nog allerlei dokterspraat, maar het kwam er uiteindelijk op neer dat ik nog maximaal een centimeter kan groeien. En wat er nu met de bestraling gebeurt gaat allemaal in overleg met dokter Nowak.

En weer vallen.

Alsof het er allemaal wel niet bij kan, krijg ik zondag te horen dat opa in het ziekenhuis ligt omdat hij een beroerte gehad heeft. Ik schrok me wild en maandag gingen we natuurlijk meteen op ziekenbezoek. Gelukkig ging het alweer een stukje beter met hem en kon hij zelfs wat praten. Hij ligt hier in Roosendaal in het ziekenhuis, precies die plek waar het acht maanden geleden allemaal is begonnen voor mij. De laatste keer dat ik hier was, lag ik op een brancard en werd ik de ambulance in gereden. Een rare gedachte, waar een raar gevoel bij komt kijken, maar het voelt als een soort overwinning dat ik hier nu loop. Acht maanden geleden stond ik aan het begin van deze hele shitsituatie en nu is een deel daarvan afgesloten, over en uit, en het ligt achter me. Ik heb er hard voor gevochten, en daar ben ik voorlopig nog niet klaar mee, maar toch voelt het als een kleine overwinning, een kleine overwinning die ik het liefst helemaal voor mezelf houd. Mijn eigen kleine overwinning.

En omdat het ondertussen alweer maandag is, is morgen mijn allereerste bestraling al. Iets waarvan de zenuwkriebels in mijn buik wel aardig aan het werk gaan, maar echt bang ben ik niet. Het is nieuw en dat is alles. Het is nieuw, en een soort van klote. Me weer in iets compleets nieuws moeten storten, opnieuw in het diepe worden gegooid, zonder ook maar iets van zwembandjes of een oplettende zwemleraar. Ik ben het strontbeu om steeds weer aan een nieuwe fase van mijn genezingsproces te moeten beginnen. Stond ik maar aan het eind ervan, aan de finish en met als grote prijs: mijn eigen leven en gezondheid terug te krijgen. Niets wat ik liever wil en niets waar ik minder van droom. Maar zonder het echt in de gaten te hebben kan ik al wel een heel heel erg klein stukje van die finish zien.

Dinsdag om half vier is papa er al om ons op te halen en kunnen we naar Rotterdam vertrekken. Gek genoeg zijn mijn zenuwkriebels (nog) niet versterkt en zit ik op mijn gemak met de radio mee te zingen. Zelfs als we het ziekenhuis inlopen houdt mijn lichaam mijn zenuwen compleet onder controle en voel ik zelfs geen ontsnapte kriebel zenuwachtig in mijn buik rondfladderen.

Na vijf minuutjes in de wachtkamer gezeten te hebben roepen ze mijn naam al, of laten we zeggen, doen ze een poging tot het roepen van mijn naam en ben ik aan de beurt. Allereerst kom je in een zogeheten kleedruimte, die nou niet bepaald ruim is. Zeker niet wanneer je er samen met je ouders in staat en ondertussen jezelf probeert uit te kleden. Als dat gebeurd is en de deur tot mijn grote opluchting eindelijk opengaat, lopen we door een smal gangetje naar de ruimte waar het bestralingsapparaat staat. Ik ben er ondertussen een expert in geworden om op die tafel te klimmen en het ging ook deze keer weer aardig soepel. Met mijn hoofd rustend op het daarvoor bestemde kussentje lag ik al met al vrij comfortabel. Nou ja, het valt best uit te houden, laten we het daar maar op houden. Vervolgens wordt het apparaat goed ingesteld en besturen ze de rest vanuit een ander kamertje. Wat inhoudt dat ik het grootste gedeelte van de tijd alleen ben, weliswaar vergezeld van Guus Meeuwis en zijn heerlijke stem op de achtergrond, maar praktisch gezien lig ik alleen. Ontiegelijk veel zoemers later (die gaan iedere keer wanneer het apparaat zijn werk doet, vréselijk lang en vréselijk hard) was het gebeurd en konden we weer naar huis. En zo zal het er de komende weken ongeveer voor me uit gaan zien. Geen pretje, maar ook hieraan komt een eind. En daar kijk ik vanaf vandaag alweer naar uit.

18

Op momenten als deze verlang ik meer dan ooit terug naar hoe alles was. Met alles bedoel ik dus mijn normale leven, maar vooral het feit dat ik gelukkig was, gelukkig en verliefd. Wat betekent dat ik dolgelukkig was. En als je dan een aantal maanden later, nu dus, naar een liedje luistert waardoor hij ineens weer in je hoofd zit, kan het best zo zijn dat je je weer klote voelt. Vooral als je naast dat liedje ook een oud msn-gesprek van jullie tweetjes terug leest, zo eentje die je expres hebt bewaard, omdat hij zoveel lieve dingen zei. Kut, ik besef opnieuw, dat ik mijn beste vriend terug wil. Niet op de manier hoe het nu is, want we zeggen niets tegen mekaar en leven gewoon langs mekaar heen, maar ik wil terug naar hoe alles was tussen ons. Ik mis het om een beste vriend, een beste maatje te hebben en verdomme, ik mis hem.

En ik weet wel dat niets voor eeuwig is, dat dringt nu ondertussen heus wel tot me door en er zijn genoeg andere mensen om wie ik geef, met wie ik leuke dingen doe en kan praten. Maar als door een moment als dit, al mijn herinneringen aan die veel te mooie tijd bovenkomen, dan knapt dat stuk in mijn hart weer. Dat stuk dat eerst gebroken was en daarna hersteld is, dat breekt iedere keer weer een stukje af door zo'n gevoel, maar godzijdank ben ik degene die het iedere keer weer aan elkaar kan plakken.

19

Storm, rukwinden, weeralarm, verkeersalarm, treinen die niet rijden, afgesloten bruggen, gekantelde vrachtwagens, het Rode Kruis, dakpannen die van je dak waaien, bomen die met wortel en al uit de grond werden gerukt en files, lange files, heel lange files, files waar geen eind aan lijkt te komen. Dat is wat donderdag 18 januari zo ongeveer voor heel Nederland inhield.

Wij reden om half vijf uit de parkeergarage van Dijkzigt en kregen dus te maken met die niet normaal vervelende kutfiles. Het begon allemaal met een stuk waar je normaal gesproken vijf minuten over doet, en waar wij die dag een dik uur stilstonden. Daar zat ik dus met mijn chagrijnige gezicht in die taxi. Met een moeder die er het positieve nog van in probeerde te zien, en een niet te omschrijven taxichauffeur. Ik heb me werkelijk groen en geel geërgerd aan die kerel. Hij was ten eerste zo ongeveer even oud als mijn opa, en ten tweede kon ik hem niet verstaan, omdat hij werkelijk zó plat praatte dat ik er de kriebels van kreeg. Het erge was nog wel dat hij mij niet verstond en dat terwijl ik degene ben die keurig netjes Nederlands spreekt.

Daar komt ook nog eens bovenop dat die auto geen auto meer te noemen was, hoogstwaarschijnlijk was die bak nog ouder dan de chauffeur die erin zat. Mama en ik zakten compleet weg in de achterbank, en dat bedoel ik niet op een prettige comfortabele manier, als in de manier van loungen. Ondertussen waren we al dik vijf uur onderweg en stonden we meer stil dan dat we reden. Bijna iedereen had zijn motor uitgezet en alle mannelijke autorijders maakten van de gelegenheid gebruik om hun blaas te legen. Inclusief onze chauffeur, op zich niets mis mee, maar wel wanneer hij terugkomt en niet uitgesproken lijkt te raken over hoe groot de opluchting wel niet was en dat hij eigenlijk tegen de wind in stond te pissen. Dat laatste maakte me nog misselijker dan ik al was, om nog maar niet te spreken over het feit dat mijn blaas onderhand ook wel op knappen stond.

Eindelijk kwamen we in de buurt van de Haringvliet en begon mijn hoop op thuis komen weer terug te keren. Om vervolgens weer keihard weg te gaan, want de Haringvliet was afgesloten. Fijn, laten ze ons daarvoor zeven uur in de file staan, met de gedachte dat deze brug wél open was. Vervolgens wordt al het verkeer naar een afrit geleid, inclusief wij met onze oude roestbak. De politie wijst ons de weg en wij houden deze aan. Eindelijk konden we weer rijden, totdat de chauffeur erachter kwam dat we op deze manier weer terug naar Rotterdam reden. Gaat hij doodleuk, alsof er niets aan de hand is, áchteruit rijden, op een onverlichte weg, met heel veel scherpe enge bochten erin. Na drie keer bijna in de berm beland te zijn, vreesde ik zo ongeveer voor mijn leven. Toen we bijna terug waren bij de afrit stopte er een politiewagen achter ons. Wat de chauffeur helemaal en totaal in paniek bracht, bang dat hij een bekeuring zou krijgen. Zijn reactie hierop: 'Als die pliesieageent nou kom, zegde mar da ut jong ziek geworre nis.'

Ha, loser, wat dénkt hij wel niet. Die agent kwam ons natuurlijk alleen helpen en wees ons opnieuw de weg. Dit keer gingen we over de Moerdijkbrug, die onderhand ook weer open was. Hoewel het druk was op de weg, kwamen we toch stapvoets vooruit, al een hele verbetering vond ik zelf. Godzijdank verschenen er nu eindelijk borden met: ROOSENDAAL 10 KM. En toen we eindelijk de straat inreden wist ik niet hoe snel ik die auto uit moest komen.

Toen ik uitgeput in mijn bed lag hoorde ik de kerkklok slaan, half drie. Waren we gewoon tien uur onderweg geweest, een ritje Rotterdam-Roosendaal, een ritje dat ik never nooit niet vergeet.

De volgende dag moesten we opnieuw naar Rotterdam, of beter gezegd, een paar uur later, en toen ik nog aardig versuft de deur opendeed, werd mijn nachtmerrie werkelijkheid, drie keer raden welke taxichauffeur er op de stoep stond…

Gelukkig blijft er altijd een zonnetje schijnen, ongeacht hoe donker en zwart de wolken ook zijn, en stuitte ik op iets óntzettend leuks toen ik zat te internetten. Ik was aan het kijken wanneer de voorverkoop begon voor het concert dat Guus Meeuwis dit jaar opnieuw in het Philips stadion geeft. Op mijn gemakje blader ik wat door de agenda, tot mijn hart ineens een vreugdesprongetje maakt. 'Wegens stemproblemen heeft Guus Meeuwis zijn optreden in onze schouwburg op 6 oktober helaas af moeten zeggen, maar dit optreden haalt hij in op 9 maart, blabla, nog een heel stuk tekst over hoe Guus beroemd is geworden en op het eind van het verhaal staat er gewoon dat er nog kaartjes te krijgen zijn! Woehoe, dit kan niet waar zijn, voor ik het weet heb ik al kaartjes besteld, me niets aantrekkend van het feit dat het in Overijssel is en dat niet echt om de hoek is. Ik kan niet wachten om Margit te bellen, want natuurlijk neem ik haar mee, we zijn twee heuse diehard-fans. Haar reactie deed, laat ik het zo zeggen, nogal zeer aan mijn oren omdat ze zo overenthousiast was en omdat ik dat gevoel met haar deel gilde ik keihard mee. We gaan naar Guus!!

20

Het is weekend, dat betekent dat ik voor twee daagjes verlost ben van het ziekenhuis, twee daagjes rust en genieten. Vandaag ga ik met papa en mijn rolstoel in de stad lunchen en nog wat winkelen. Normaal gesproken erger ik me niet zo aan mijn rolstoel, maar vandaag wel. Al die blikken vol medelijden van mensen, mensen die je nastaren of aankijken met zo'n uitdrukking op hun gezicht van: ach, zielig kind. Ik zit dan wel in die verdomde rolstoel, met een bleek koppie boven mijn vermagerde lichaam, een conditie die tot het nulpunt gedaald is, zonder restanten van die vieze dikke tumor die er tot voor kort zat, met hier en daar nog een restje chemo in mijn bloed, met een of andere ballon tussen mijn ribben en een pruik op mijn hoofd. Maar nee, ik ben niet zielig!

Ondertussen kon ik dus van weinig tot niets meer genieten, en was ik zelf haast ook niet te genieten. Kom ik een meisje uit mijn klas tegen, heel lief, leuk en aardig. Alles wat ik op dit moment niet was, maar met veel moeite perste ik er een mager glimlachje uit. Zo ging het gesprek ongeveer:

Zij: 'Heeeey!'

Ik: 'Hooi!'

Zij: 'Alles goed?'

Ik: 'Jaaa!' *Neeee!*

Zij: 'Mooi zo, lekker aan het shoppen?'

Ik: 'Haha, jaa!' *Nee niet bepaald, ik zit in die kutstoel en zo kán ik niet shoppen. De enige manier waarop ik wel in die kutstoel terecht wil komen is omdat ik omgevallen ben door tientallen tassen vol kleren, schoenen en andere dingen die ik bij elkaar geshopt heb!*

Zij: 'Nou, nog veel plezier dan!'

Ik: 'Gaat wel lukken!' *Nót!*

Zij: 'Doeeeg!'

En ze loopt weer verder met haar vriendin. Diepe zucht. Ik mis het. Ik mis het om een lekker onbezorgd leventje te hebben. Ik wil niet langer uitgeput zijn van een ritje Rotterdam-Roosendaal, maar ik wil doodmoe thuiskomen van een dagje school en een streetdanceles. Ik wil geen coach meer hebben die me helpt met mijn school, maar ik wil weer zeuren dat we veel te veel huiswerk krijgen en geen tijd meer over hebben om leuke dingen te doen. Ik wil niet meer iedere ochtend in gevecht liggen met mijn pruik om hem in model te krijgen, ik wil weer met mijn handen door mijn eigen haar kunnen gaan en een bad-hairday hebben. Ik wil niet meer altijd door papa of mama met de auto ergens heen gebracht worden, maar ik wil chagrijnig zijn omdat ik op mijn groene omafiets door een hevige regenbui gefietst heb, waardoor mijn mascara uitgelopen is. Ik wil niet meer een lijkbleek gezicht hebben, maar ik wil weer genieten van de zon en mijn ietwat verbrande huid insmeren met aftersun.

Ik wil niet meer dat kankerpatiëntje zijn, ik wil mezelf terug.

21

Ik heb weer eens een van mijn welbekende piekermomenten en denk terug aan mijn vele, langdurige ziekenhuisbezoeken. Toen ik kotsmisselijk, gekoppeld aan mijn chemozakken, in mijn ziekenhuisbed lag, leek het alsof de secondewijzer het op mij gemunt had en expres langzamer dan normaal ging. Maar nu, achteraf, is het allemaal zo snel gegaan dat ik me niet ieder ziekenhuisbezoek exact kan herinneren.

Eén ziekenhuisbezoek zal ik in ieder geval nooit vergeten. Bij iedere kuur kreeg ik mesna, een of ander middel dat mijn blaas beschermt tegen de troep van de chemo. Als er iets is waar je geen zin in hebt wanneer je kotsend in je bed ligt, is het wel de geur/smaak van koeienstront, ofwel mesna. Hoewel het mijn blaas beschermde, zorgde het er ook voor dat ik extra kotsbakjes nodig had. Gelukkig was er na enige tijd een oplossing op gevonden. Ze zouden het oplossen in een zakje en met mijn infuus laten inlopen in plaats van dat ze het rechtstreeks in me spoten, waardoor ik voor mijn gevoel met mijn gezicht recht in een hoop koeienstront was gevallen. Dexamethason is ook een van de middelen die mijn infuuspaal sieren. Het zit in een aparte pomp, en wanneer deze leeg is, gaat niet het vertrouwde geluidje van mijn infuuspaal piepen, maar het alarm van de pomp gaat af, wat te vergelijken is met een autoalarm en dat dan pal naast je bed.

Maar goed, tijdens die betreffende kuur was er een zaalarts die net afgestudeerd was, niets mis mee zou je denken. Nou, daar ben ik achtergekomen. Ze vond dat de dexamethason wel achterwege kon blijven, want ja, hoe minder medicijnen je krijgt hoe beter. Ook nog niets aan de hand natuurlijk. Maar wel wanneer ik dagen nog zieker, beroerder en misselijker op mijn bed lig. Komt nog bij dat ze de dexa uiteindelijk wel hebben gegeven, én nog een ander middel, waardoor ik me een of andere junk voelde met een kater en een buikgriep, probeer je dat maar eens in te denken. Ik neem mezelf voor hier niet al te vaak meer aan te denken, aangezien dat niet echt bevorderlijk is voor mijn bloeddruk.

Deze zondag was ik bij papa en ik voelde me goed en zonder zorgen. We besloten saampjes loempia's te maken. Terwijl ik de boontjes sta te snijden kijk ik vanuit mijn ooghoeken naar papa, die geconcentreerd een kip in stukken hakt. Een glimlach op mijn gezicht en een warm gevoel van binnen. Het lijkt net of ik naar mezelf kijk, dezelfde neus, lippen en geconcentreerde blik. Praktisch dezelfde buitenkant, maar bijna compleet dezelfde binnenkant. Daarom is hij waarschijnlijk degene die me negen van de tien keer het beste begrijpt en daarom is onze band waarschijnlijk ook zo sterk. Ik ben er ondertussen aardig in getraind om elk gevoel van liefde, geluk en blijdschap op mijn harde schijf op te slaan en zo sla ik dit ook op. Hoe stom het ook klinkt, terwijl we zo samen staan te hakken en te snijden, voel ik me gelukkiger dan ooit. De loempia's waren overigens geslaagd.

's Avonds liggen we op de bank voetbal te kijken. Ik kijk en doe alsof ik weet waar het over gaat. Ik vraag me af hoe die commentator in godsnaam zo snel weet wie er aan de bal is, ik ben al blij wanneer ik de twee teams uit elkaar kan houden. Er wordt gefloten en ik vraag me af waarom, aha, hands. Weer vraag ik me af waarom, want die vent schiet gewoon tegen de bal en die komt toevallig op de elleboog van de tegenstander. Is het een penalty, of vrije trap, weet ik het, voor die vent die de bal trapte. Dan kan je toch gaan lopen mikken zeker?! Nou goed, hier blijkt dus al uit dat voetbal niet bepaald voor me is weggelegd. In tegenstelling tot Christiano Ronaldo, de reden waarom ik het hele WK heb gevolgd. Na afloop van de wedstrijd zitten een aantal voetbalfanaten over de wedstrijd te discussiëren. Ik vraag me af wat die ene man daar toch doet. Ik ken hem namelijk alleen van de postbankreclames met die blauwe leeuw. Blijkt hij bekend te zijn van de voetbalwereld. Tsja, ieder zijn ding, zal ik maar zeggen.

22

14 februari, Valentijnsdag. Overal waar ik kijk: hartjes, teddybeertjes, bonbons, rozen, snoepjes, megagrote kaarten en anonieme liefdesverklaringen via internet. Geweldig. Werkelijk geweldig hoor. Het is alsof rond deze tijd mensen het nog extra in willen wrijven hoe verliefd ze wel niet zijn. Mensen die hand in hand lopen op straat, programma's op tv waarin bruiloften worden georganiseerd en mannen hun vrouwen op de meest romantische manier ten huwelijk vragen, mijn mailbox puilt uit van de meest fantastische manieren om mijn grote geheime liefde anoniem de liefde te verklaren, de rozenactie op school, en zelfs op tv word je werkelijk doodgegooid met die o zo geweldige Valentijnsdag.

Ik trek het echt even niet meer en heb sterk de behoefte om even aan deze hype te ontsnappen. Ik zap naar Jetix en vestig al mijn hoop, en vooral mijn laatste, op deze zender om eventjes geen Valentijnsdag te hoeven zien. Wat denk je, zijn er kinderen die hun vrijgezelle juf of meester aan iemand willen koppelen. Mijn hemel! Ik voel nu sterk de drang om de tv uit het raam te gooien, maar weet me in te houden. Oké, ik klink nu waarschijnlijk heel erg als een eenzame oude vrouw, die ontzettend is teleurgesteld in de liefde, die alle verliefde mensen voor gek verklaart en alles wat maar een beetje met liefde en genegenheid te maken heeft ontwijkt. Het erge is, ik voel me precies zo!

Naast de grote leegte in mijn hart die gevuld zou moeten worden door de zoetsappigheid van wat Valentijnsdag met zich meebrengt, heb ik ook nog eens een kuthumeur.

Na ze veel te lang niet gezien te hebben, kwamen Lieke en Elvira langs. Niet bepaald iets waar je een kuthumeur van krijgt, integendeel juist. Het begon ook pas toen ze weg waren. Ons gesprek ging namelijk vooral over een of andere 'hottie' op school, andere jongens, dingen die op school waren gebeurd, carnaval enzovoort. Dan komt er ook nog bij dat ik ze gezellig met zijn tweetjes op de fiets weg zie rijden om de rest van hun drukke, gezellige dag te beleven. Ten eerste, over al die dingen kan ik voornamelijk alleen nog maar dromen. Ten tweede, jongens, al iets wat helemaal niet meer in mijn dagelijks leven voorkomt, ja wat wil je, het is niet echt een ideale situatie om verliefd te worden op een o zo leuke jongen, als je lijkbleek bent, met een pruik op je hoofd en met een conditie van een tachtigjarige opa die de griep heeft. Ten derde, carnaval, ik zou dol en dolgraag vijf dagen ontzettend lekker willen feesten en alles vergeten, maar dat gaat absoluut niet, ik hoef nog maar van café naar café te lopen en ik lig al op de grond, en dan niet door de drank, maar door mijn kloteconditie. Het allerergste is misschien nog wel, dat ik me niet eens meer voor kan stellen hoe zo'n ontzettend normaal leven moet voelen. Terwijl ik het elf maanden geleden nog zelf leidde.

23

Vandaag is de dag van mijn allerlaatste bestraling, 19 februari 2007. Na ruim vier weken iedere dag op en neer naar Rotterdam in een misselijkmakende taxi zit het er dan eindelijk op. Geen vervelende zoemers meer die nog minutenlang in mijn hoofd nagalmen, geen rode plekken meer op mijn kin en voorhoofd, die veroorzaakt werden door het kussentje op de bestralingstafel. Geen koud masker meer op mijn rug en hopelijk ook geen vreselijke vermoeidheid meer. Nog één keertje op die tafel klimmen, onder dat ontzettend grote apparaat liggen, helemaal vastgeklemd in mijn masker, op de koude, stalen plaat, met de vreselijk harde zoemers, en gelukkig ook nog met Guus zijn stem op de achtergrond.

Vandaag gaan we weer met zijn drietjes, en heb ik de taxiritten voorgoed verbannen. We stappen het ziekenhuis binnen, en voor de eerste keer in ruim negen maanden doe ik dat met een goed gevoel. Het lijkt wel of alles vandaag eens een keertje meezit, want ik zie die ontzettend leuke liftboy weer. Omdat het een grote, grote chaos is in het ziekenhuis in verband met de verbouwingen, zijn er een aantal mensen die je de weg wijzen. Zo ook liftboy, ik heb hem zo benoemd omdat hij altijd bij de lift staat, een logischere naam kon ik haast niet bedenken. En of het er allemaal wel niet bij kan, krijg ik zowaar een glimlachje van hem toegeworpen. Woehoe! Het is dan ook zeer begrijpelijk dat de glimlach op mijn gezicht er vandaag niet meer af te branden is.

Eenmaal in de wachtkamer aangekomen, ben ik eens een keertje niet misselijk van het autorijden, dankjewel papa! Ik zit rustig in de *Libelle* van oktober 2002 te bladeren totdat ik mijn wangen rood voel worden en mijn ademhaling ietwat onrustig wordt. Ook mijn hart gaat wat sneller kloppen, en dat alles wordt veroorzaakt door iets wat ik in mijn ooghoek denk en hoop te zien. Ik wacht totdat ik voor mijn gevoel weer een normale kleur heb gekregen en kijk voorzichtig van-achter mijn *Libelle* de wachtkamer in. Automatisch springt mijn gezicht weer op rood, adem ik zo ongeveer als een renpaard tijdens een belangrijke racewedstrijd en gaat mijn hart sneller kloppen. Het kan toch bijna niet waar zijn? Ik had al lang genoegen genomen met liftboy, maar dit?!

Willem! Willem loopt hier gewoon rond, alsof het zo moest zijn. Ik denk dat hij stiekem het systeem heeft gekraakt om te kijken wanneer mijn laatste bestraling was, met een rotvaart naar Dijkzigt gegaan is (hij werkt immers in Daniel den Hoed) helemaal en alleen om mij uit te zwaaien. Het kan natuurlijk ook dat hij eventjes moet invallen, maar optie 1 spreekt me veel meer aan. Tevreden lees ik weer wat ver-der in de *Libelle* en dan word ik geroepen. Voor de laatste keer! Mijn glimlach staat nu minstens voor twee dagen op mijn gezicht gebrand en ik lach zachtjes om mezelf als ik nog even snel in de spiegel kijk, ik lijk wel een overgelukkige breedbekkikker.

Voor de laatste keer loop ik door het smalle gangetje en voor de laatste keer klim ik, zo lenig als ik maar kan, (dus op zijn stijve-harks) op de tafel, en voor de laatste keer word ik vastgeklikt in het masker. Voor de laatste keer luister ik naar mijn cd, met liedjes die ik zowat kan dromen, en voor de laatste keer dreunen de zoemers in mijn hoofd na. Dan komt Kim het apparaat draaien en weet ik inmiddels dat het nu nog maar twee zoemers duurt. Met plezier luister ik naar de snerpende, harde, vervelende rotklank van die stomme zoemers en tel ik ze af.

Halleluja! Mijn masker wordt losgemaakt en ik vraag me af wat er nu mee gebeurt. Kim vertelt me dat hij weggegooid wordt, maar dat ik hem ook mee mag nemen. Aangezien we in ruim vier weken toch wel aardig close zijn geworden, bespaar ik mijn masker een reisje naar de vuilnisbelt, nou laten we zeggen, ik stel het uit en besluit om hem mee naar huis te nemen. Gewoon om aan iedereen te laten zien en omdat we toch wel een band opgebouwd hebben.

Nog een paar stappen en dan staan we buiten het ziekenhuis. Met mama aan mijn linkerkant en papa aan mijn rechterkant, die trots mijn masker draagt, voel ik me plotseling hartstikke opgelucht en vrij. Weer een deel afgesloten en nu kan ik me in alle rust voorbereiden op het volgende. Maar eerst maar eventjes genieten van mijn rust, want dit is weer voorbij!

Blij bel ik tante Lia op, want dit mag zeker wel gevierd worden. We besluiten met zijn vieren ergens te gaan lunchen. En aangezien tante Lia me aardig goed heeft leren kennen in de afgelopen tijd, weet ze een prima adres. Hotel New York, here we come! Als we eenmaal in het restaurant zitten, besef ik dat het wel heel uniek is dat wij hier met zijn viertjes zitten. Papa en mama zijn gescheiden, en tante Lia is mama's zus. Als ik zie dat iedereen het hartstikke naar zijn zin heeft en dat het helemaal gezellig is, brandt dat die glimlach voor nog een paar dagen op mijn gezicht. Ik heb vandaag een beetje een zoetsappig dagje, maar o, o wat voel ik me vandaag toch gelukkig.

24

Veel tijd om echt ontzettend te genieten heb ik in de tussentijd niet gehad. Mijn eerste chemo stond alweer op me te wachten, wat een feest, wat een feest. En wat een timing, vandaag, precies twee jaar geleden is Marjoke overleden, en verdomme, nou kan ik niet bij Lieke zijn. Ik schrijf haar maar een brief, maar mijn woorden zeggen lang niet zoveel als een dikke knuffel of het gevoel dat ik bij haar ben.

Vreemd genoeg zie ik niet echt op tegen deze kuur. Vergeleken met de kuren die ik gehad heb is dit een eitje. Dinsdag begint als alle andere dagen waarop ik weer aan mijn infuuspaal gekoppeld word. Ik kom chagrijnig mijn bed uit en stap chagrijnig de auto in. Hoewel het, al zeg ik het zelf, deze keer ietwat meevalt. We komen aan in het ziekenhuis en het voelt meteen alweer vertrouwd. Helaas. Vandaag weer een vingerprik, een gesprek, het drama rondom het aanprikken van mijn port a cach en wachten totdat mijn stuff in me zit. Dit keer viel mijn vingerprik redelijk mee, maar het aanprikken daarentegen was minder. Veel minder. Met het zweet op de binnenkant van mijn handen en een veel te hoge hartslag lig ik met mijn ogen dichtgeknepen in de behandelkamer. Zucht, het woord 'behandelkamer' alleen al.
    Eerst wordt mijn pleister met toverzalf verwijderd en hoop ik vurig dat hij genoeg magie bevat om dit klusje pijnloos te klaren. Vervolgens de geur van alcohol, waar je zelfs zonder chemo al bijna van met je kop boven de plee hangt. En dan het moment suprème, de prik. Die gaat altijd gepaard met een stel stevige vingers die mijn port a cach vasthouden, en een rotnaald die ze in me steken. Ondertussen stroomt al het bloed in mijn lijf zo ongeveer naar mijn hoofd, en mijn bloedsomloop wordt pas weer een beetje normaal wanneer de naald er al vijf minuten in zit. En dan nu een aantal shotjes met medicijnen, o jippie. Het gevoel dat dat vieze spul langzaam en ijskoud door het

slangetje in mijn nek stroomt is ronduit smerig. En daarbij proef je het ook nog eens, en dat is geen pretje. Kortom, vandaag ook weer een redelijk drama rondom het aanprikken van mijn port a cach, maar ach, ik leef nog. En nu, op naar de chemozakken.

Als ik met infuuspaal en al mijn plekje op zaal gevonden heb, merk ik het meisje tegenover me op. Ook zij wordt vergezeld door haar infuuspaal, maar dat doet ze zeker niet van harte. Ik zie haar gewoon lijden, zoveel pijn heeft ze. Bij elk klein beweginkje dat ze maakt, vertrekt haar gezicht. Af en toe kreunt ze zachtjes. En ik, ik sta maar te kijken. Ik weet hoe ze zich voelt, maar ja, wat heeft ze daaraan. Ik baal er ook elke dag weer van dat ik niet kan toveren. Die klotechemo ook. Gelukkig wordt ze even later naar een andere kamer gebracht, waar ze in alle rust alleen met haar moeder en haar pijn kan zijn.

Ik voel me er aardig rot over, maar ik moet deze hele dag nog door zien te komen en dus besluit ik maar iets leuks te gaan doen, voor de afleiding. Waar het uiteindelijk op neerkomt? Pim pam petten. Tja, het helpt je de dag door. Evenals de cliniclowns die langskomen, hetzelfde verhaal als altijd, een paar minuten lachen, en een paar minuten geen zorgen. Als ze weg zijn bedenk ik dat het aardig goed gaat en dat ik vandaag niet boos zal worden op mijn infuuspaal met zijn zakken. Maar wat niet is kan nog komen.

Later op de dag begon ik me toch steeds minder goed te voelen. Niet beroerd, niet met onmogelijk veel pijn, maar niet lekker en ook niet doodziek. Iets daartussenin, en of ik daar nou zo blij mee moet zijn weet ik ook niet. Ik ben slap, futloos en ietwat misselijk. Dat laatste komt natuurlijk door de chemo, maar ook gewoon door die ziekenhuislucht. Ziekenhuislucht is onbeschrijflijk, het is een mengeling van de geur van zieke mensen, ontsmettingsmiddel, ziekenhuisvoedsel, en iets wat je alleen in het ziekenhuis ruikt. Puur ziekenhuislucht, blegh.

De minuten kruipen voorbij, maar eindelijk is het dan zover, ik mag naar huis. Maar shit, wat baal ik dat ik me zo voel. Het is net alsof op het moment dat je gekoppeld wordt aan de infuuspaal, al het leven uit je gezogen wordt en je je er alleen maar ziek, zwak en misselijk door kan voelen. Die avond thuis ging het redelijk en kon ik zelfs wat eten, de volgende dag was het ook uit te houden, totdat ik me 's avonds ineens beroerd voelde, en vooral misselijk. Ik besloot, te laat natuurlijk, iets tegen de misselijkheid in te nemen. En door de smaak van dat pilletje begon ik al te kokken en kon mama voor het eerst in tijden weer een kotsbak voor me pakken. Verdomme. De dagen daarna werden er niet beter op, er werd niet gekotst, maar het voelde alsof er tientallen mesjes en glasscherven in mijn keel zaten, en iedere keer dat ik slikte staken ze in mijn keel. Daarbij deed ook nog mijn hele mond, inclusief mijn tandvlees, ongewoon veel pijn. Maar goed, mijn levensmotto is onderhand wel geworden; na regen komt zonneschijn. Niet dat ik daar altijd even hard in geloof, maar goed, het is een feit. Zo ook deze keer.

Zondag ging het beter. Het was buiten prachtig weer, mijn mond voelde weer redelijk normaal aan en ik had de puf om me verder te verplaatsen dan van mijn bed naar de bank en terug. 's Middags kwam tante Lia langs en hebben we de hele dag in de tuin gezeten. Dat een mens daar zo ontzettend van kan opknappen. We hebben geluncht met papa's beroemde zelfgemaakte pizzabroodjes uit de oven, waar je me overigens 's nachts voor wakker mag maken. En voor de rest hebben we gepraat, gekletst, geroddeld en gepraat. Dat gevoel, dat je van ziek, zwak en misselijk weer overgaat in zwak maar met meer puf, dat is geweldig. Ik wil zoveel, en ik weet dat mijn lijf de helft niet aankan, maar ach, ik heb geleerd om dan maar extra hard te genieten van die andere helft, de helft die ik wél aankan.

Mijn humeur is vrijwel altijd te associëren met het Nederlandse weer. Zo ook vandaag. Ik zit namelijk midden in een depressie, een lagedrukgebied. Er waait een zware noordwestenwind richting mijn hart. Mogelijk kans op zware onweersbuien. En het lagedrukgebied zal de komende dagen aanhouden.

Kortom, ik voel me belabberd. Afgelopen maandag ben ik voor het eerst weer naar school geweest. Het ging redelijk goed en dinsdag ben ik ook nog even geweest. Maar dinsdag ontstond het lagedrukgebied. Het was helemaal niet zo leuk geweest op school en ik weet eigenlijk niet eens precies waarom. Ik geloof dat ik me een beetje vervreemd voel van de klas en van de hele school. Wat natuurlijk heel begrijpelijk is, omdat ik maar halve dagen en soms korter op school ben. Ik doe niet mee aan grote projecten, ik kan niet klagen over te veel proefwerken, te veel huiswerk, ik fiets niet gezellig met iedereen mee naar huis of mee naar de stad, ik ga in de pauze niet eventjes mee naar het bakkertje en mijn klas voelt gewoon niet als mijn eigen klas. Ik heb waarschijnlijk meer contact met mijn leraren dan met mijn klasgenoten en dat is nou eenmaal niet gewoon. Daar komt ook nog bovenop dat ik van een half dagje school al kapot en gebroken ben. Terwijl de gemiddelde vijftienjarige na school naar huis fietst, huiswerk maakt en gaat sporten. Maar goed, ik ben er al een tijdje aan gewend dat ik nu eenmaal geen gemiddelde vijftienjarige ben.

Maar wat me het meeste pijn doet, is dat ik zelfs van mijn beste vriendinnetjes vervreemd. Ik weet niet of vervreemden wel het goede woord is, maar ik kan het niet anders uitleggen. Het doet pijn dat zij eraan gewend zijn geraakt dat ik bijna niet op school ben. En het doet pijn dat ik daar zelf aan gewend geraakt ben. Het is ook verdomde moeilijk om ze uit te leggen hoe mijn leven er nu uit ziet. Als ik op school ben, dan voel ik me goed, ik lach en klets gezellig met iedereen mee. Maar op school weten ze niet dat ik, als ik na die paar uurtjes school thuiskom, kapot en gebroken ben. Dat ik er een hekel aan heb om 's avonds naar bed te gaan met de gedachte dat als ik de volgende ochtend wakker word ik weer naar het ziekenhuis moet. Dat het je tot in het diepst van je hart raakt als je in een wachtkamer zit met nog vier andere zieke, kale kinderkoppies. Dat ik soms gewoon even instort. En dat het gewoon ontzettend klote is om ziek te zijn.

Weet je hoe het voelt als iemand met een tondeuse jouw lange blonde haren eraf scheert? Weet je hoe het voelt als je de paar haartjes die er over waren verliest door chemokuren? Weet je hoe het voelt om een paar piepkleine haartjes te zien groeien op je kale koppie? Weet je hoe het voelt om die opnieuw te verliezen door chemokuren? En weet je hoe het voelt om die haartjes voor een derde keer kwijt te raken? Ik wel, en dat gevoel is niet onder te woorden te brengen. Het lijkt wel of ieder haartje symbool staat voor een klein sprankje hoop, hoop op mooie lange blonde haren. En ik hou zielsveel van ieder haartje, hoe klein het ook is. Maar dat verandert drastisch wanneer ik ze weer op mijn kussen vind, dan vervloek ik ze, dan haat ik ze en wilde ik dat ik ze nooit had leren kennen.

Ondertussen zit ook mijn tweede chemo erop. Tweede chemo erin, wimpers en wenkbrauwen eruit. Er zitten nog maar een paar kleine, haast onzichtbare haartjes rondom mijn ogen. En ik was er net een beetje gewend aan geraakt om een klein beetje mijn eigen gezicht terug te krijgen, het is gek maar zo zonder wimpers en wenkbrauwen ziet mijn gezicht er toch een beetje zieker en niet als mijn eigen gezicht uit. Vandaar dat ik misschien wel urenlang naar foto's van een jaar geleden kan kijken, gewoon foto's waar de echte Jaleesa op te zien is. Met mijn blonde haar en een veel gezonder gezicht. Maar goed, over een dik half jaar maak ik misschien wel opnieuw van die foto's.

En zoals altijd piept het zonnetje weer door mijn donkere wolken heen. Van het weekend ben ik bij tante Lia geweest, eventjes weg uit mijn sleur. Het was geweldig, eindelijk was ik weer eens goed moe. Niet moe zoals ik de rest van de week ben, moe van verveling en niets doen, maar moe van inspanning omdat je iets gedaan hebt, en gewoon voldaan moe. Vrijdag zijn we naar het Kralingse bos geweest en mijn weekend kon niet beter beginnen. Het was prachtig weer en we hebben dik twee uur op het terras gezeten. We hebben gekletst, gegeten en gelachen, vooral veel gelachen. Daarna zijn we boodschappen gaan doen en kwam de kapper langs. Twee vriendinnen van tante Lia en zijzelf moesten geknipt worden. Toen de kappersstoel even leeg was, vroeg de kapper aan míj: 'Zal ik jou nu maar doen dan?' Ik keek hem aan, glimlachte dromerig naar hem en bedankte hem vriendelijk. Ha, mijn weekend was niet meer stuk te krijgen. Zaterdag gingen we een workshop parfum maken volgen, dat was nog een cadeautje voor mijn verjaardag. Opnieuw hebben we gekletst en gelachen, en het was een super verjaardagscadeau.

Heel het weekend heb ik genoten en is er geen een keer de gedachte door mijn hoofd geschoten dat ik over een paar dagen geopereerd werd. Want dat moest ook nog gebeuren. Prima weekend, prima afleiding dus.

En nu is het zover, 11 april, we zijn weer gezegend met een ziekenhuisbezoek. Halleluja.

Morgen moet ik onder het mes en vandaag moeten we al binnen zijn. Er wordt een echo gemaakt, ik moet een vingerprikje, mijn port a cach moet worden aangeprikt en voor de rest bestaat mijn dag uit wachten, wachten en wachten. Als ik de volgende ochtend wakker word, verbaast het me dat ik nog niet overloop van de zenuwen. Nou goed, dat is alleen maar mooi meegenomen. Mijn operatie zal tussen elf en twaalf zijn en om mezelf in de tussentijd bezig te houden besluit ik het breien maar weer eens op te pakken. Nadat ik een steek had laten vallen en mijn hele breiwerk van mijn naald was geschoven, besloot ik maar even een pauze te nemen en keek ik op de klok. Het was inmiddels al half één en mijn maag liet zich even flink horen. God, wat had ik een honger. Iedere keer als de deur van mijn kamertje openging, stokte mijn adem en hoopte ik vurig dat ik aan de beurt was, maar helaas, pindakaas. Het hele feest ging niet door.

Om één uur kwam een dokter ons doodleuk vertellen dat de hele operatie niet doorging, tenminste niet vandaag en ook niet morgen. Wat betekent dat we naar huis konden. Ietwat verbaasd kijk ik hem aan en vraag ik me af of dit een of andere slechte grap is en dat er overal verborgen camera's hangen. Helaas is dit niet het geval en blijkt de beste man doodserieus te zijn. Ik mag mijn port a cach naald eruit laten halen en mijn koffer in gaan pakken. En eten. Godzijdank mag ik eindelijk eten. Natuurlijk baal ik dat de operatie uitgesteld wordt, maar als ik heel eerlijk ben vind ik het prima zo. Ik kan lekker genieten van mijn vrije weekend, het mooie weer en mijn redelijke conditie. Het stomme is dat ik over een paar weken weer helemaal hetzelfde liedje moet ondergaan en dan misschien wel met een dubbel portie zenuwen. Het is opnieuw de kwestie met McDonald's en de spruitjes. Ik kan me nu volproppen met McDonald's en ben lekker van die spruitjes af. Maar straks staat er weer een groot bord spruitjes op me te wachten. Maar goed, dat zien we dan wel weer. Ik sta hier maar niet te lang bij stil en maak me weer gereed om te genieten.

27

Ding, ding, ding! Het is officieel, kwaaltje nummer 334 is bereikt. Een man van 103 kan nog niet tippen aan mijn waslijst met lichamelijke mankementen en kwaaltjes. Dit keer ben ik gezegend met gordelroos. Zondagochtend werd ik wakker met rode plekjes op de plaats waar mijn ballonnetje zit. En daar begon het weer, het ziekenhuis werd gebeld, in mijn hoofd speelden de vreselijkste scenario's af en we konden op weg naar de huisarts. Na een snelle blik op mijn pijnlijke, rode plekjes kon ik beginnen met het slikken van kilo's en kilo's tabletten, vijfmaal per dag. Ik geloof dat ik de huisarts onderhand vaker gezien heb dan mijn vrienden op school. En alsof die stomme pijn nog niet genoeg is, moet ik me ook nog zorgen gaan maken over mijn kuur. Want ja, ik heb nu eenmaal een virus en dan zit het er dik in dat mijn kuur niet doorgaat. En de operatie wordt opgeschoven. En dat deze hele shitsituatie nog langer gaat duren. En daar zit ik dan weer, zo ongeveer bij de pakken neer. Niet helemaal natuurlijk, want ik weet inmiddels wel dat die zon ook nu weer gaat schijnen, maar momenteel zie ik niet veel meer dan een dik pak stapelwolken.

De berg met spruitjes is inmiddels sterk toegenomen. Woensdag 25 april werd ik weer in het ziekenhuis verwacht. Maar niet met gordelroos. Alle verpleegsters op de afdeling keken me verbaasd aan toen ik weer vrolijk binnen kwam wandelen, en vroegen zich af wat ik kwam doen. Nou, ik zou graag, als het heel misschien eventjes kon, verlost worden van dat opgevulde geval tussen mijn ribben. Mijn naam stond al op het grote bord en ik had dezelfde box als vorige keer. Na eventjes te hebben gewacht kwam de verpleegster met opgepimpte crogs mijn kamer binnen. Ze keek nog verbaasder dan toen ik binnenliep, toen ik haar vertelde over mijn gordelroos. Vervolgens kwam de zaalarts en aan die blik in haar ogen kon ik al zien hoe laat het was. Ze zou Van de Ven wel even halen. En hij vertelde me doodleuk dat ik opnieuw voor niets naar het ziekenhuis gekomen was. Heel even voelde het alsof er, net als in een stripverhaal, stoom uit mijn oren zou komen. Maar de stoom bleef op zijn plek en we konden weer naar huis. Alsof we het onderling afgesproken hadden ging ik tussen papa en mama in lopen en gaven ze me op hetzelfde moment een hand. Weer naar huis betekende weer lekker een aantal dagen ziekenhuisvrij, en een portie McDonald's, maar die berg met spruitjes blijft echt wel op mij wachten.

Ik kan alleen niet ontkennen dat ik met volle teugen van McDonald's geniet. Want nu zit ik samen met mama voor een paar daagjes in Zeeland, in de caravan van mijn oom. Even uit de sleur en voor honderd procent genieten. Dat lukt me aardig. We genieten, lachen en kletsen wat af en we zijn het er absoluut over eens dat we dit allebei dubbel en dwars hebben verdiend. Vandaag gingen we naar Vlissingen, het was mooi weer en hartstikke gezellig. Totdat we besloten om nog eventjes naar het strand te gaan.

Toen ik de hoge duin eenmaal beklommen had, waaide de wind, met windkracht 34 mijn gezicht en mijn haren in. Volgens mij was dat het moment waarop eveneens mijn goede humeur wegwaaide. De wind waaide door mijn haren, niet zoals de wind door je haren behoort te waaien, als een briesje dat je haren doet dansen in de wind. Nee, dit was compleet anders, want het gaat hier ten eerste niet over mijn eigen haar en ten tweede behoort deze wind niet bepaald tot de categorie van zachte briesjes. Hij waaide gemeen al het haar mijn gezicht uit en maakte dat lelijke pruikenrandje zichtbaar. Het is niet echt uit te leggen waarom zo'n simpel windje je zoveel verdriet kan doen, maar ik weet wel dat ik op dit soort momenten mijn haar meer mis dan ooit tevoren.

Al met al is het een heerlijke vakantie en was mijn aanvaring met de wind het enige minpuntje. Daarom probeer ik me ook altijd maar weer te bedenken: zonder de dalen geniet je niet van de pieken.

Vandaag heb ik het er met mama over wat we tegen de mensen moeten zeggen. 'Toen ik ziek was...' of 'Nu ik ziek ben...' Voor allebei de uitspraken valt wat te zeggen.

Argumenten voor de uitspraak 'Toen ik ziek was':
- De tumor is weg.
- Ik voel me niet zo regelmatig beroerd meer.
- Ik ben momenteel in vrij goede conditie.

Argumenten tegen de uitspraak 'Toen ik ziek was':
- Mensen denken dat alles nu goed is.
- Het tegendeel is waar, ik moet nog kuren, een operatie, ik heb mijn eigen haar nog niet terug en ik kan nog niet alles wat ik zou willen kunnen.

Argumenten voor de uitspraak 'Nu ik ziek ben':
- Het is makkelijker te begrijpen voor anderen dat ik lichamelijk nog niet tot alles in staat ben.
- Het is makkelijker te begrijpen voor anderen dat ik regelmatig een emotioneel wrak ben.
- Het is logisch dat je naar het ziekenhuis gaat als je ziek bent.

Argumenten tegen de uitspraak 'Nu ik ziek ben':
- Misschien bén ik praktisch gezien niet meer ziek, omdat de tumor weg is.
- Soms wil ik even vergeten dat ik ziek ben en heb ik geen zin in medelijden van mensen die het allemaal zo goed bedoelen.

Kortom, ik weet het niet, misschien geef ik het lijstje met de voors en tegens wel aan de mensen en mogen ze zelf een eigen voorkeur aangeven.

28

En vrijdag stond mijn kuur weer op me te wachten. Dit keer mét dexamethason, mijn mede-anti-misselijkheid-strijder.

Vandaag is ook Willemarijn weer in het ziekenhuis. We staan wel vaker tegelijkertijd te trappelen van ongeduld om onze driewekelijkse portie giftige chemicaliën te krijgen. Ik begroet haar met een glimlach en ze groet vriendelijk terug. Het voelt als een geheime code. Codetaal voor: ik weet wat het is, maar maak er het beste van. Een taal die alleen wij kankerkoppies verstaan en begrijpen. Want als Willemarijn weer eens flink boos is en gaat schreeuwen, dan zie ik de ouders rondom de bedden elkaar aankijken en ongemakkelijk op hun stoel heen en weer schuiven. Terwijl ik Willemarijn helemaal niet zie schreeuwen omdat ze geen zin heeft om te eten, maar ik zie haar schreeuwen van verdriet. Schreeuwen omdat ze de klote infuuspaal haat, omdat ze geen zin heeft in onderzoeken en naalden en dat ze gewoon helemaal niet ziek wil zijn. Ik voel wat zij voelt en ik begrijp het zo goed, dat het bijna zeer doet. Ik geef met heel mijn hart om Willemarijn. We hebben dan nog nooit echt gepraat, maar wij praten in kankercode-taal en dat zegt vaak meer dan duizend woorden.

De kuur verloopt redelijk en inderdaad minder misselijk dan normaal. Maar de week na mijn kuur was een hel. Ik kon een week niet naar de wc, zelfs niet na vier klysma's. Lichamelijk mankement nummer 335. Het is werkelijk om gek van te worden, want de hele week houdt niets anders je meer bezig. Door een reclame over vrouwen met een opgeblazen gevoel kwamen mijn frustraties lichtelijk boven en moest ik me inhouden om de tv niet door het raam te gooien. Maar goed, na een bezoekje aan de dokter, wat me een smerig naar likeur smakend drankje opleverde, ging het weer en kon ik weer verder.

Naar de Dordogne om precies te zijn. Een weekje Frankrijk, met papa en Ingrid. Waar ik kort over kan zijn, ik heb als een gek genoten en ik ben geloof ik genoeg opgeknapt om weer een kuur aan te kunnen.

En daar kreeg ik gelijk in. Godzijdank. Op de memorabele 25ste mei 2007 kreeg ik mijn vierde dagkuur. Wat de geschiedenis in zou gaan als een legendarische kuur, een kuur zonder... bijwerkingen. De kuur zelf verliep redelijk en thuis voelde ik me eveneens niet al te beroerd. Een dag ging voorbij, twee dagen, drie dagen en op woensdag vertrouwde ik het hele zaakje niet meer. Ik zat gewoon te wachten totdat ik een onverwacht kwaaltje aan mijn befaamde lijst toe kon voegen. Maar de kwaaltjes en lichamelijke mankementen werden me bespaard. Ik kon gewoon naar de wc, kon eten en drinken, knapte snel op, had geen hoofd/keel/buik/spier- of andere denkbare pijntjes en heb zelfs geen contact gehad met ziekenhuis, huisarts of huisartsenpost. En dat is best de moeite waard om even bij stil te blijven staan.

Maar niet te lang, want frustraties zijn er genoeg en dat is precies wat ik nodig heb om te doen wat ik woensdag gedaan heb. Ik heb van Ingrid na mijn tweede dagkuur zeven kopjes gehad, niet voor mijn nieuwe kamer en niet voor mijn uitzet, maar om kapot te gooien. Afgeleid van een Griekse traditie en ik ben er dol op. Niet alleen de scherven springen kapot op de grond, maar ook mijn woede, verdriet en frustraties. En het voelt geweldig. Ik sta zelfs iedere keer nog versteld van de kracht die er uit mijn spillenarmpjes komt. Het tweede kopje is tegen de vlakte, nu nog vijf te gaan.

29

Terwijl ik luister naar de heerlijke stem van Michael Bublé, brengt dit stukje tekst me terug naar een gesprek met Anja Coppens:

Maybe surrounded by
A million people I
Still feel all alone

Anja is psychologe en ik kende haar al van een eerder bezoekje met Margit en Lieke, na het overlijden van Marjoke. Nu ging ik voor mezelf. Gewoon om even met iemand anders te praten over mijn gevoel. En dat was fijn. Vooral omdat ze me zo ontzettend goed begreep en me mijn eigen gevoel beter liet begrijpen. En dat alles in één gesprek. Ze wist nog beter hoe ik me voelde dan ikzelf. Ze zei: 'Soms voelt het alsof er wel honderd mensen om je heen staan, die om je geven en van je houden en je willen helpen, maar dan nog voelt het alsof jij tussen die mensen in een telefooncel staat, toch nog alleen.' Zo voelt het en ik had het zelf niet beter kunnen verwoorden.

En met dat liedje in mijn achterhoofd bracht ik een paar dagen nogal somber door. Ik ging sip slapen en werd sip wakker. Waarom ik me zo voelde weet ik nog steeds niet precies. Ik denk dat het vooral komt omdat ik niet extreem veel last heb gehad van de afgelopen kuur. En als je je geen zorgen hoeft te maken over je lichaam, ga je vanzelf aan andere dingen denken. En als je hele dagen niets te doen hebt, zijn dat vooral verdrietige dingen. Ik sta erbij stil dat als ik over een paar maanden niet meer naar het ziekenhuis hoef, dat nog niet betekent dat alles over is. Ik zal regelmatig verdrietig zijn, mijn haar moet weer groeien, ik moet mijn conditie weer opbouwen, ik moet eraan wennen om met leeftijdgenoten om te gaan, ik moet eraan wennen om

mijn school vaker te zien dan het ziekenhuis en ik zal bij ieder pijntje bang zijn dat er iets aan de hand is. Maar goed, dat zien we dan
wel weer. Ik ga er eerst voor zorgen dat ik weer lekker in mijn vel zit,
voorzover dat in dit vel gaat.

Maandag 28 juni, het is tijd voor mijn vijfde dagkuur. Deze kuur is
op maandag omdat ik afgelopen zaterdag met Margit en Ilona naar
Guus Meeuwis geweest ben. En dat was precies als wat de naam van
het concert voorspelde, groots met een zachte 'G'. Maar nu is het
alweer maandag, tijd voor mijn driewekelijkse ziekenhuisportie. Ook
deze keer bleef de misselijkheid weg en ik begin langzaam te geloven
dat de dexamethason zijn werk doet. Aan het einde van deze toch
weer lange, lange dag kwam dokter Beishuizen nog even bij ons zitten. Gewoon alleen om te praten, te praten over het afgelopen jaar.
Daar valt veel over te zeggen, heel veel, maar de dingen waar we het
vandaag over gehad hebben, dat waren de mooie dingen. De ongelo-
felijke dingen, dat ik zo goed reageer op de chemo's en dat 28 juli voor
ons zo'n prachtige dag was. En ik zie aan de lieve ogen van dokter
Beishuizen dat dat voor hem een even prachtige dag was als voor ons.

Ook de lichamelijke kwaaltjes blijven me dit keer bespaard, tenminste dat is wat ik een week na mijn kuur dacht. Maar toen kreeg ik
ineens last van steekjes op mijn borst, in de buurt van mijn hart. Ik
vond het eng, doodeng en samen met papa en mama gingen we voor
de zoveelste keer naar de huisarts. Gelukkig kon hij niets vreemds
horen, maar daar was mijn bange gevoel nog niet mee weg. Ik was niet
meer bang dat er iets aan de hand was, maar ik was bang voor het feit
dat ik mijn hele leven bang zal blijven. Bang als ik een steek in mijn
zij heb, bang als ik hoofdpijn heb, bang bij elke nies, gewoon bang
voor mijn eigen lijf.

En dat ben ik ook nog voor mijn eigen gedachten. Ik ben bang dat ik
niet meer kan denken als een normaal iemand van vijftien en dat ik
me niet kan bezighouden met dingen die normale jongeren doen. Ik
wil niet meer leven zoals nu, maar ik weet ook niet of ik wil worden
als een normale tiener. Maar daar heb je het weer, dat is weer een con-

flict tussen mijn hoofd en mijn hart, want ik weet wel dat als ik straks niet meer naar het ziekenhuis hoef, ik langzaam mijn eigen leventje weer op kan pakken, maar zo voelt het absoluut nog niet.

WOEHOE! Ik ben over, ik heb het gehaald, I did it! Volgend jaar mag ik naar de vierde. Lydia en mijn mentor, meneer Hout, kwamen me dit geweldige nieuws vertellen, vergezeld van een prachtige bos bloemen en heel lieve kaart van al mijn leraren. Ik kan mijn geluk niet op en stiekem, heel diep van binnen ben ik nog trotser op mezelf dan die ene keer met Engels.

Na mijn vorige rustige kuur verloopt ook mijn zesde kuur erg rustig. Lichamelijk gezien dan. In mijn hoofd en in mijn hart is het, opnieuw, een grote puinhoop. Veroorzaakt door het gevoel dat angst heet. Vreemd genoeg begin ik die nu pas te voelen. De gedachte dat ik het ook niet had kunnen halen, spookt akelig door mijn hoofd. Natuurlijk was ik vorig jaar ook bang, maar toen was ik bang voor het onbekende, bang voor wat er komen ging. Ik weet nog goed dat ik na mijn eerste bezoek van de cliniclowns een mooie droom had. De cliniclown die die dag geweest was, was in mijn droom gewoon gekleed en vertelde me dat alles goed zou komen. Die droom is me heel lang bijgebleven. Maar de angsten die ik nu voel zijn anders, alsof het nu veel realistischer is, alsof het nu pas tot me doordringt dat ik een kankerpatiëntje ben/was. En het allergekste is nog wel dat deze angst aangenaam is, een angst die zeg maar fijn aanvoelt. Want ik heb het wél gehaald.

Daarnaast lig ik ook nog in een soort van tweestrijd met mezelf. Geen heftige tweestrijd, maar een vreemde. Aan de ene kant voel ik me een heel klein meisje dat het liefst in de armen van haar papa en mama blijft totdat dit alles over is. En aan de andere kant voel ik me zo groot, zo ontzettend volwassen. Ik denk anders, ik voel anders en ik erger me groen en geel aan de manier waarop mijn leeftijdgenoten denken en doen. Over mijn leeftijdgenoten gesproken, daarin lig ik ook met mezelf overhoop. Ik mis ze en ik kan ze niet uitstaan. Soms heb ik er alles voor over om te zijn als zij, en soms wil ik nooit meer worden zoals zij. Ik weet soms niet eens meer wat ik zelf voel, wat ik wil en waarom. Ik weet het gewoon soms allemaal eventjes niet meer. En ik geloof dat dat eigenlijk vrij begrijpelijk is.

En dankzij deze tweestrijd voel ik me ontzettend rot na een telefoontje van Margit en Lieke. Ze belden vanuit hun vakantie in Spanje. En ik, ik wist ze niets leuks te vertellen, voelde me haast ongemakkelijk. Ik weet natuurlijk wel weer hoe dat komt, ik zie ze niet meer dagelijks, we gaan niet zo veel meer met elkaar om, we zijn niet echt met dezelfde dingen bezig, ik ben ineens een stuk volwassener geworden, blablabla. Maar dat neemt echt niet weg dat het ontzettend veel pijn doet. Het is gewoon klote dat mijn wereld zo verschilt van die van hen. Ze gaan lekker op vakantie, proeven van het uitgaansleven, zijn zelfstandig, hebben hordes vrienden en vriendinnen, zijn bezig met jongens en verliefd zijn, sporten, feesten, zijn bezig met school en weet ik wat al niet meer. En ik, ik maak me zorgen over ieder pijntje dat ik voel, ga naar het ziekenhuis, ga niet met leeftijdgenoten om, ga liever niet naar buiten als het hard waait vanwege mijn pruik (waar ik nog steeds elke ochtend mee in gevecht lig), ik baal van dat opgeblazen geval tussen mijn ribben, heb leren breien, zit zelfs aan de kruiswoordpuzzels, voel me soms gevangen in mijn eigen huis en soms ook in mijn eigen lijf. Zoek de verschillen...

Maar gelukkig word ik opnieuw geconfronteerd met dat zonnetje dat altijd door die o zo donkere wolken heen piept. Dit keer is een cadeautje van Nienke mijn opkikker, het is een klein knuffelbeestje dat, als je erop drukt, keihard gaat lachen. Maar wat die wolken werkelijk doet verdwijnen zijn de lieve woorden van mijn lieve nichtje: 'Als je verdrietig bent, maakt dit je weer aan het lachen.' Hoe ze het voor elkaar krijgt weet ik nog steeds niet, maar het zijn de woorden van mijn vierjarige nichtje die me de meeste kracht van allemaal geven.

je hebt iemand nodig
stil en oprecht
die als het erop aankomt
voor je bidt of voor je vecht
pas als je iemand hebt
die met je lacht en met je grient
dan pas kun je zeggen:
'k heb een vriend

Iedere keer als ik dat gedichtje van Toon Hermans lees, dat bij papa aan de muur hangt, krijg ik een brok in mijn keel. Zo'n vriend, zo'n echte vriend is iets heel erg kostbaars. En ik vind de mijne in Margit. Ondanks dat we elkaar veel minder zien dan we gewend zijn, weet ik gewoon dat het goed zit. En zelfs in dit klotejaar, waarin ik dat grienen eigenlijk vooral met papa, mama en Snuf heb gedaan, blijft ze mijn vriendinnetje. Weliswaar op een soort afstand, maar het blijft mijn hartsvriendinnetje. Het is gewoon zo ontzettend moeilijk voor te stellen hoe ik mijn leven leef, het afgelopen jaar. Dat kan niemand, niet als je het niet elke dag meemaakt, elke dag voelt. Ik kan het allemaal wel relativeren, maar dat betekent niet dat het niet zeer doet, ontzettend zeer. Ik mis haar zo. Ik mis het om de slappe lach met haar te hebben, om samen te gaan winkelen, leuke jongens te spotten, samen te feesten, ik mis het om gewoon bij haar te zijn. Eigenlijk wil ik zoveel meer met haar delen, ik wil dat ze precies weet wat ik voel. Maar daar zal ik zelf voor moeten zorgen, want er kan nou eenmaal niemand in mijn hoofd en hart kijken.

Vaak voel ik me nog alleen met mezelf in de telefooncel staan, hoewel de deur van die telefooncel steeds vaker op een kier komt te staan, zodat er af en toe iemand naar binnen kan glippen. Vaak papa of mama, soms Nienke en eigenlijk genoeg anderen. Maar degene die de deur het verste open kan krijgen, is Edward. Op precies de juiste momenten geeft hij me net dat steuntje in de rug. Het is heel knap, dat hij ondanks het feit dat ik hem waarschijnlijk al drie maanden niet gezien heb, precies de juiste dingen weet te zeggen. In een sms'je vertelde hij me dat hij zo ontzettend blij zal zijn als ik niet meer ziek hoef te zijn, of dat ik nog even door moet zetten omdat het einde bijna in zicht is en dat er altijd een kaarsje brandt bij hem thuis als ik in het ziekenhuis lig. En aan die woorden heb ik vaak genoeg.

En door iets onverwachts heb ik zelfs even het gevoel dat er helemaal geen telefooncel meer is. Papa heeft een brief voor me geschreven, wat misschien wel het mooiste cadeau is dat ik ooit van iemand heb gekregen:

Jaleesa

Het gaat goed. Je bent genezen: de behandeling is heel goed aangeslagen. De resultaten zijn boven verwachting. Nog maar een paar kuren (als ik dit schrijf nog 'maar' twee) en je bent klaar met de behandeling. Zo ontzettend blij ben ik dat jij deze ziekte overwonnen hebt, zo ontzettend trots ben ik op jou dat jij iedere keer weer uit dat dal komt.

Zo verschrikkelijk veel hou ik van je; zo veel dat het bijna pijn doet.

Dat het goed gaat is waar. Alleen soms voelt het niet zo. Maar gelukkig soms ook wel. Je moet het zien als dat je uit een diep dal gekomen bent en nu naar de top van de berg fietst. Het beklimmen is zwaar, soms kun je tijdens de beklimming al genieten van de natuur, maar als je boven bent helemaal.

Nog twee klote kuren en daarna mag je aan je herstel gaan werken. Dit zal een lange periode worden, een periode met ups en heel veel downs. Harde confrontaties met de werkelijkheid, wanneer je er achter komt dat de zaken niet zo snel zullen gaan als je hoopt. Teleurstellingen dat mensen niet reageren zoals je graag zou willen. Ergernis wanneer je lichaam achterblijft bij je geest. Boosheid wanneer ze je niet begrijpen. Boos omdat alles zo onrechtvaardig is.

Maar hou je vast:
de dag dat je weer alles kan wat je wilt, komt!!

Hoe zwaar sommige momenten ook zullen zijn: het gaat goed komen. Tijdens die klote momenten kun je op me rekenen. Natuurlijk zal ik steevast de verkeerde dingen doen, omdat er nu eenmaal geen identieke situaties bestaan. Juist als ik het initiatief neem, wil jij het graag. Juist wanneer ik jou vraag wat je wilt, zou ik het moeten zeggen. Zeg het dan maar, wordt maar boos op me; gooi het er maar uit. Ik zal extra eieren kopen, dat je ze kapot kan gooien.

    Het is al zwaar genoeg voor je, je hoeft mij niet te ontzien. Ik ben je papa en in dit soort situaties ben ik er om op gescholden te worden. Natuurlijk ben ik er ook om je te troosten, om je te laten lachen, om wat ook te doen (en om je aan te staren en te zeuren).
We zijn samen onderweg.

Je hebt al heel veel doorstaan zonder wanklanken. En weet je: je hebt het niet voor niets gedaan. Het leven is de moeite waard, hoeveel tegenvallers er ook zijn.

Ik wil dat je weet:

- dat ik heel veel van je hou en dat ik er trots op ben om jouw vader te mogen zijn
- dat ik respect heb voor je doorzettingsvermogen bij je schoolwerk
- dat ik respect heb voor je kracht om iedere keer weer op te laden
- dat ik je angsten begrijp voor en direct na de kuur
- dat ik je angsten begrijp bij ieder pijntje dat je voelt
- dat ik ontzettend veel bewondering heb voor de manier waarop je heel veel dingen alleen doorstaat
- dat je best chagrijnig mag zijn
- dat ik bewondering heb voor je openheid en eerlijkheid

- *dat het goed komt*
- *dat er mensen zijn die veel om je geven*
- *dat oma Poen bij je is*
- *dat jouw leven weer normaal wordt*
- *dat je dronken zult worden*
- *dat je te laat thuiskomt van een feest*
- *dat jij gelukkig zult worden*

Zo, dat wilde ik even kwijt. Als ik het moet zeggen, dan gaan de Niagara Watervallen stromen, dus heb ik het maar opgeschreven. En nog heb ik het gevoel dat ik niet alles heb verteld/geschreven wat ik voel. Maar het is toch een begin.

Jouw papsie voor altijd en daarna

32

Mijn achtste dagkuur zit er weer in. Nog eentje te gaan, het voelt zo onwerkelijk, maar het einde is nu echt in zicht. Ook al waren de dagen na mijn kuur emotioneel echt een hel, vandaag voelde ik me beter dan ooit. Na de gebruikelijke vier dagen chagrijnig, moe, uitgeput, verdrietig en semi-depressief aan huis gekluisterd te zijn, loop ik vandaag in de regen naar de bakker. Alleen, alleen met mezelf. Ik kan me de laatste keer dat ik iets alleen gedaan heb, buiten naar de wc gaan, niet herinneren. Ik voel me zo ontzettend zelfstandig, zo gelukkig, ik adem de frisse lucht in, snuif dat lekkere het-heeft-net-geregend-luchtje op en kan haast wel zingen: 'I'm siiiinging in the raaain...'

En ik blijf me goed voelen. Maandag ben ik voor het eerst weer naar school geweest. Voor het eerst sinds lange tijd bevind ik me weer tussen mijn leeftijdgenoten, loop ik weer door de gangen van mijn school en moet ik even zoeken waar alle lokalen en mijn kluisje ook al weer zijn. Ik voel me zo ontzettend goed als ik de zware deur van de school opentrek en met één voet weer in mijn school sta. Terwijl ik met mijn zware boekentas door de gangen loop, staat er een grote smile voor de rest van de dag op mijn gezicht geprent. Ik loop dan wel met mijn pruik op, een port a cach op mijn borst en een ballonnetje tussen mijn ribben, maar ik voel me thuis. Dit is mijn school, met mijn vrienden, mijn leeftijdgenoten, en voor het eerst sinds tijden voel ik me een van hen. Ik voel me weer een klein beetje vijftien, en een stukje meer Jaleesa.

Maar zoals papa het zo mooi kan zeggen, ik ben nou eenmaal die enorme berg aan het beklimmen en ik heb toch weer eventjes van het uitzicht kunnen genieten, maar nu, nu moet ik weer verder klimmen.

Zaterdag begon ik ineens allerlei rare vlekken voor mijn ogen te zien. Ik knipperde even en ging ervanuit dat het hierdoor weg zou zijn. Dat was dus duidelijk niet het geval en de vlekken werden erger, ik zag alles troebel en de vlekken begonnen te draaien. Ik raakte in paniek, want zelfs als ik mijn ogen sloot zag ik die rare vlekken. Ik voelde me licht in mijn hoofd en erg duizelig. Gelukkig bleef papa gewoon rustig en belde de huisartsenpost. We konden over een half uurtje komen. De paniek die ik in die twintig minuten gevoeld heb, heb ik nog niet vaak gevoeld. Ik kon niets doen om die vlekken even niet te zien en me niet draaierig te voelen. Eindelijk zakte het wat en tegen de tijd dat we naar de huisartsenpost reden waren de vlekken verdwenen. De dokter kon me redelijk op mijn gemak stellen door te vertellen dat wat ik had gehad, waarschijnlijk een vorm van migraine is. Totdat ik het donderdag opnieuw kreeg, de paniek even groot als zaterdag. Mama belde meteen de huisarts, maar die kon over de telefoon ook niet veel meer doen dan een afspraak maken bij de neuroloog. En nu is het afwachten, 7 september mijn laatste chemokuur in het Sophia kinderziekenhuis en 12 september een afspraak met de neuroloog in het Franciscus ziekenhuis. Houdt het dan nooit op?

Ja natuurlijk, is het logische antwoord daarop, maar het voelt nu gewoon eventjes niet zo. Het is eventjes allemaal te veel. Maar gelukkig wordt het stapje voor stapje ook iedere keer weer een beetje minder. Mijn aller-allerlaatste chemokuur zit erop. Ik besef het nog niet echt en ondanks de twintig worstenbroodjes in mijn hand, de ballonnen aan mijn bed en de slinger aan mijn infuuspaal voelt deze kuur net als alle andere. Bagger. Bagger in het kwadraat. Bagger met de hoofdletter B. En bagger zijn ook de dagen na mijn kuur. Misschien wel extra bagger omdat ik verwacht had nu eindelijk eens mijn eigen leventje terug te krijgen. Maar helaas pindakaas, ik lig gevloerd met een flinke driedubbele rotgriep in mijn bed. Zelfs Snuf kan me niet opvrolijken. Ik voel me lamlendig van de chemotroep, ik heb hoofdpijn van de liters snot die zich verzamelen in mijn kop, en ik zweet me te pletter door de koorts. Na een week op bed liggen ben ik het beu en komt de huisarts langs. Mijn longen klinken prima en mijn keel ziet er ondanks de fikse hoestbuien goed uit. De dokter wil alleen eventjes mijn urine nakijken, voor de zekerheid. Na wat gestuntel met mama, de wc en de plascontainer brengt papa het zaakje keurig netjes naar de dokter. Die komt ons 's middags vertellen dat er suiker in mijn urine zat en dat hij daarom even bloed komt prikken. Ik hoor en zie even niets, ik voel een knoop in mijn maag steeds groter worden, mijn handen zijn klam van het zweet en mijn hart klopt in mijn keel. Dat alles gebeurt in een honderdste van een seconde, maar het voelt als een uur. Die pure angst en die paniek, dat is vreselijk om te voelen. Het neemt je helemaal in bezit en ik lig compleet overhoop met mezelf. Want ik wil positief blijven, ik wil denken dat het goed komt, ik wil voelen dat het goed komt, ik wil hoop hebben, ik wil geen angst voelen, ik wil zeker zijn. Maar ik voel nu eenmaal wat ik voel. Een kort prikje en nog zo'n ontzettend lang moment van paniek en angst later weet ik dat ik geen suiker heb, ik ben geen diabeet. Natuurlijk ben ik blij om dat te horen, maar ik wil nu alleen maar even liggen, eventjes niets denken, niets voelen, eventjes helemaal niets.

33

En dan is het 12 september en word ik verwacht in het Franciscus ziekenhuis, daar waar alles zestien maanden geleden begon. Stilletjes loop ik tussen papa en mama in de polikliniek binnen. We komen langs die beruchte bloedprikkerij, waar ik zestien maanden geleden bijna van mijn stokje ging, heel eventjes kan ik erom lachen, maar dan bedenk ik me weer waarom we hier zijn. We lopen via route 44 naar onze eindbestemming, de neuroloog. Nadat hij aandachtig en ietwat verstrooid naar mijn verhaal geluisterd heeft, begint hij me lichamelijk te onderzoeken. Hij vraagt me of ik in een rechte lijn kan lopen, klopt met een hamertje op mijn knieën en kijkt met een fel lampje in mijn ogen. Alles gaat prima, totdat hij me vraagt om op mijn hielen te lopen. Hoe hard ik het ook probeer, ik krijg het maar niet voor elkaar. Komt vast door die vincristine, schiet er een paar tellen later door mijn hoofd. Als het onderzoek is afgerond mag ik weer plaatsnemen aan zijn bureau en word ik getrakteerd op een MRI-scan. Hij verwacht niets ernstigs te zien, maar het moet nu eenmaal volgens het protocol. Totdat de uitslag van de scan bekend is, houdt hij het op een lage bloeddruk, bloedarmoede, en/of een vermoeid/aangetast zenuwstelsel. Dus op naar de MRI.

Maar niet voordat er een ander klusje geklaard is, de CT-scan en het insulineonderzoek in het Sophia. Ook vandaag heb ik weer last van mijn ogen, dit keer niet in de vorm van aanvallen, maar van kleine sterretjes/vlekjes die af en toe naar beneden dwarrelen en in mijn ooghoeken rondzweven. Deze sterretjes zijn waarschijnlijk de oorzaak van de knoop in mijn maag en dat verschrikkelijke gevoel van angst. Waarom kan ik nou niet gewoon die onderzoeken afronden, geopereerd worden en dan een dikke vette streep onder alles zetten? Mijn leventje weer oppakken, mooi lang haar krijgen en, voorzover het kan, onbezorgd genieten.

'Dat komt ook wel, het komt allemaal helemaal goed,' zeg ik dan zo'n honderd keer tegen mezelf. En soms helpt dat, maar vandaag eventjes niet. Ik beleef daarom ook de prikken, de bloedafnames en de CT-scan helemaal niet zo intens. Ze doen maar wat ze moeten doen, dan kan ik weer naar huis. Ik heb het gehad hier.

En terwijl ik met papa van de auto naar huis loop, voel ik me nog steeds bang en terneergeslagen. Voor de voordeur blijf ik eventjes stil staan en adem ik de frisse buitenlucht diep in. Weer zeg ik tegen mezelf: 'Alles komt goed, ook voor mij gaat de zon weer schijnen.' En op dat moment trekken de wolken in de lucht eventjes weg en piept het zonnetje er doorheen, zijn stralen schijnen precies op me neer. Dat, en de beschermende armen van papa om me heen, was wat ik net eventjes nodig had.

Ik heb weer net dat beetje kracht dat nodig is om positief te blijven en te knokken. En die kracht heb ik nodig voor de MRI-scan. Als de zuster me komt halen lopen papa en mama automatisch mee, waarop de zuster zegt: 'Bij zo'n grote meid hoeven de ouders toch niet mee, dat is eigenlijk niet gebruikelijk.' Eventjes wil ik als een vierjarige gaan krijsen en stampen op de grond om te bewijzen dat ik helemaal niet zo'n grote meid ben, maar ik houd me in. Papa en mama lopen met moeite terug naar de wachtkamer, alsof het de laatste keer is dat ze me zien. En daar kan ik dan stiekem toch wel heel hard om lachen. Eenmaal binnen klim ik in het grote apparaat. Het valt mee, want het is gelukkig aan allebei de kanten open. Een kleine last valt van mijn ietwat claustrofobische schouders. Twintig minuten lang lig ik me doodstil te ergeren aan het irritant harde geluid dat de MRI veroorzaakt. Dan zit het erop en herenig ik me met mijn ouders, die me in hun armen sluiten alsof ik twintig jaar binnen was in plaats van twintig minuten. God, wat houd ik toch veel van mijn papa en mama.

Ik weet het nu zeker. Ik heb een vriend, een echte vriend. Margit belde me op en ze klonk een beetje zenuwachtig. Ze wilde graag een keertje écht praten. Het is alsof er tien kilo van mijn schouders valt. Dit is wat ik al tijden wilde. Ik wil zo graag dichter bij elkaar komen, ik mis mijn allerbeste vriendinnetje gewoon. En ik ben blij dat zij zich precies hetzelfde voelt.

We hebben elkaar inmiddels drie keer gezien, en het is alsof mijn telefooncel compleet verdwenen is. Het voelt zo ontzettend fijn dat ik alles met haar kan delen. En dit is nog maar het begin. Een soort nieuwe start in onze o zo waardevolle vriendschap.

Ik vertel haar over mijn angsten en zij mij over de hare. Pasgeleden is er bij Margit iets vervelends ontdekt. Ze heeft een soort bloedtumortjes op haar nieren, het is een ziekte met een moeilijke naam, ik weet hem niet eens meer, maar dat kan me niets schelen. Binnenkort moet ze eraan geopereerd worden, ze moet er rekening mee houden dat ze twee weken lang pijn heeft. Ik zie in haar ogen dat ze bang is, maar toch voel ik me goed. Ik voel me goed, omdat ze het met me wil delen, dat ik dicht bij haar mag komen en dat ik haar mag troosten. Dit voelt goed, het zit goed tussen ons, voor nu en voor altijd.

En met die gedachte brand ik een kaarsje voor haar, vandaag wordt ze geopereerd. Ik verlies mijn mobiel dus geen seconde uit het oog en check om de vijf minuten of ik wel bereik heb. Secondes, minuten en uren kruipen voorbij, maar op het eind van de avond wordt mijn geduld beloond en krijg ik een sms'je van Ilona: de operatie is geslaagd en alles gaat goed. Dankjewel kaarsje en mijn grote vriend daarboven.

Ik ben een beetje zenuwachtig en denk continu aan Margit. Daarom merk ik ook niet dat mama heel geheimzinnig reageert op een telefoontje en zelfs de keuken inloopt omdat ik het blijkbaar niet mag horen. Als ze terug in de kamer komt, heeft ze een glimlach van oor tot oor en pretlichtjes in haar ogen. Verbaasd kijk ik haar aan en ik vraag wie het was. Dan giechelt ze wat en zet ze de tv uit. Ze vertelt me dat er net een vrijwilligster van de Doe Een Wens Stichting gebeld heeft. Ik snap er nog even niets van. Pas als mama uitlegt dat die mevrouw voor míj belde beginnen ook de pretlichtjes in mijn ogen te stralen. Tante Lia heeft drie of vier weken geleden een prachtige brief voor mij naar de stichting gestuurd:

Geachte heer, mevrouw,

Mijn naam is Lia van Loon en ik wil proberen om mijn peetdochter Jaleesa Malakusea uit Roosendaal haar wens uit te laten komen. In het kort zal ik hieronder Jaleesa haar verhaal vertellen.

Jaleesa, door ons genoemd 'Sies', omdat haar kleine nichtje van vier jaar haar zo noemt, is 14 jaar wanneer ze gezondheidsklachten krijgt. In het ziekenhuis halen ze een anderhalve liter vocht weg wat een dag later alweer terug is. Hierna is zij met de ambulance naar het Sophia kinderziekenhuis in Rotterdam gebracht voor verder onderzoek. Een spannende periode breekt aan; onzekerheid over wat onze Jaleesa mankeert. De dag van de diagnose breekt ons hart: Jaleesa heeft KANKER in de weke delen. Het lelijke ding heet rhabdomyosarcoom.

1001 dingen gingen door ons hoofd: is het te genezen, wat zijn de kansen, onzekerheid, ze is nog zo jong, maar vooral de zin: 'dit mag niet'. Het leven staat opeens stil...

Nadat ik was bijgekomen van de eerste schok, ging ik verzinnen wat ik zou kunnen doen om het voor haar makkelijker te maken. Maar wat kun je doen, niemand kan de ziekte ineens wegnemen. Samen met Jaleesa haar vader (Arnold), haar moeder (Wilma, mijn zus) en Ingrid (de nieuwe partner van Arnold) heb ik een soort verbond gesloten waarin we steun vonden bij elkaar en altijd zijn blijven denken dat we dit met elkaar zouden gaan overwinnen.

Voor Jaleesa volgt een periode van onmacht, boosheid, verdriet, ziekenhuizen, ziek zijn, misselijk, operaties en alles wat daarbij komt kijken.

Als familie zie je Jaleesa doodziek worden en kun je het wel uitgillen en wil je alle pijn en de ziekte van haar overnemen. De onmacht is groot. De ene chemokuur was zwaarder dan de andere en heel soms, wanneer ze niet zo ziek was, gingen we naar mijn huis lekkere dingen klaarmaken zodat ze kon eten wat zij lekker vindt in plaats van het eten van het ziekenhuis.

Na een hele reeks chemokuren komt er eindelijk goed nieuws: de kanker is voor meer dan de helft gereduceerd! Feest, de chemo slaat aan. Helaas is Jaleesa zo ziek dat we niet eens kunnen genieten van dit bericht. Blijdschap versus verdriet.

Wanneer Jaleesa thuis is zit ze te leren omdat ze per se niet wil blijven zitten op school. Door haar moed en kracht gaat ze over naar de vierde klas van het atheneum.

Na de chemokuren moet zij bestraling ondergaan. Een operatie volgt om een ballonnetje rond haar nieren te plaatsen om deze te beschermen tijdens de bestraling. De operatie mislukt en daardoor moet zij nogmaals dezelfde operatie ondergaan. Ondanks haar verzwakte lichaam doorstaat ze de operatie.

Het lijkt alsof het de normaalste zaak van de wereld is. Maar dat is het natuurlijk niet. Ze behoort te puberen en leuke dingen te doen met haar vriendinnen i.p.v. steeds in het ziekenhuis te liggen en continu omringd te zijn door volwassenen. Slechts heel af en toe laat ze merken hoe zeer ze haar vriendinnen en de vriendinnendingen mist. Deze gevoelens laat zij niet vaak zien, want ze is beresterk en kan de hele wereld aan.

Hierna volgen 4 lange weken waarin Jaleesa dagelijks bestraald wordt. Jaleesa weet ook hieruit weer het positieve te halen, want ze ontdekt ineens een paar wimpers die door de chemokuren waren verdwenen. Het pubermeisje keert terug in haar en heel trots kan ze mascara gebruiken. Maar dan weer die chemo en dan zijn alle haren weer verdwenen. Zo zijn we al meer dan een jaar bezig en het begint ook voor haar heel erg zwaar te worden.

Tijdens de bestralingen mag ze haar eigen muziek meenemen en steevast luistert ze naar Guus Meeuwis. De muziek van Guus Meeuwis helpt haar door de bestraling heen. Zo hoort ze even niet de piepjes die het apparaat om de paar minuten maakt.

Nu zijn we nog 1 chemokuur, 1 operatie en 1 dag onderzoeken verwijderd van het einde van de behandeling. Daarna begint haar genezingsproces.

Ik hoop dat jullie mij willen helpen Jaleesa haar wens uit te laten komen zoals zij die na dit alles te hebben doorstaan zo heeft verdiend.

Zo'n prachtige brief. Het is natuurlijk helemaal niet leuk wat er allemaal in staat, maar het geeft wel aan hoe sterk onze band is. En hoe geweldig ze is, dat ze dit voor me doet. Mijn lieve tante, mijn lieve Droppie. En met deze brief is het begonnen, papa en mama moesten, in het geheim en dus buiten mijn weten om, allerlei formulieren invullen. En nu is het zover, maandag 8 oktober komen er twee vrijwilligsters langs van de Doe Een Wens Stichting om mijn drie wensen op te halen. Ik voel me zo intens gelukkig, zo ontzettend blij. En voor het eerst sinds tijden biggelen er een paar vreugdetranen over mijn wangen.

Dit weekend ga ik naar tante Lia, ik verheug me er al weken op. Maar voordat het grote festijn begint moet ik eerst nog even op controle komen. Een gesprek met dokter Beishuizen en ik ben vrij om te gaan. Geen vingerprikje, geen enge onderzoeken, geen CT-scan en geen verpleegster die in mijn port a cach loopt te porren. Ik zou een gat in de lucht moeten springen en dolgelukkig moeten zijn. Maar ik spring geen gat in de lucht en ik voel me het tegenovergestelde van dolgelukkig. Ik wil dat ze wél mijn bloedwaarden controleren en ik zou met alle liefde in een CT-scan gaan liggen. Het voelt zo raar dat er niemand meer ongerust over me is, dat ik geen 'urgent' geval meer ben en eigenlijk ook geen patiënt. Natuurlijk ben ik daar blij mee, ik moet gewoon even wennen. Anderhalf jaar geleden moest ik eraan wennen om een patiënt te zijn, nu moet ik eraan wennen om een ex-patiënt te zijn. Maar tegelijkertijd ben ik ook dolblij dat dokter Beishuizen vandaag tegen me zegt. 'Tot over drie maanden.'

Mijn weekend begint dus goed. Morgenavond ga ik met tante Lia naar een supergaaf feest, waar allerlei artiesten komen; Bløf, Ilse de Lange en misschien zelfs Guus! Ik vraag me af of ik vanavond kan slapen. Maar voordat ik dat kan uittesten, heeft tante Lia nog een andere verrassing voor me in petto. Morgen komt er een visagist om ons prachtig op te maken en na het feest blijven we in een hotelletje slapen! Tante Lia is druk aan het solliciteren naar een baan als mijn 'suikertante'. Wat is ze toch geweldig! Tot mijn verbazing slaap ik heerlijk en word ik goed uitgerust wakker. Na een hele dag te hebben getut, geschubd en met maskertjes in de weer te zijn geweest belt de visagist aan. Het wordt nu allemaal wel heel echt. Het eindresultaat is werkelijk verbluffend, mijn wenkbrauwen zien er haast uit als die van Bert, maar dan mooier. Ik kan wel uren naar mijn eigen spiegelbeeld kijken, naar die wonderbaarlijke wimpers en wenkbrauwen, maar dat doe ik niet, want we moeten zo weg.

Net als we op het punt staan om te vertrekken belt papa. Hij klinkt ongeveer net zo als die keer dat hij vertelde dat hij met Ingrid gaat trouwen. Maar hij vroeg nu niet om haar hand, maar om iets anders. Ze hadden een leuk huis gezien in Wouw, of ik ook even wilde komen kijken. Aangezien ik pas binnen drie jaar verwachtte te gaan verhuizen, verbaasde het me ietwat, op een goede manier. Ik vond het hartstikke leuk en tante Lia vond het niet erg om een stukje om te rijden.

Al snel waren we in Wouw en stonden papa en Ingrid ons al op te wachten. We reden nog maar net de parkeerplaats op en papa trok mijn deur open en stamelde iets van: 'Hee, eh hallo, ga je je auto parkeren? Daar? O, eh ja, oké. Nee, nee doe maar, eh tot zo.' Ik stak zijn stunteligheid maar op het feit dat hij zo blij was om me éindelijk, na één dag, weer te zien. Toen ik uit de auto stapte zag ik tot mijn verbazing mama's auto naast ons geparkeerd staan. Waarop papa antwoordde: 'Jaa, die zitten vast in het café.' Ik deed er verder niets mee, maar zag in het voorbijgaan ook nog de auto van tante Maaike. Voordat ik die gedachte uitgesproken had, zei tante Lia dat tante Maaike áb-so-luut een ander kenteken had. Ondertussen durfde ik niet meer te zeggen dat ik ook dacht ome Peters auto te herkennen. We liepen een klein stukje en kwamen al snel bij het huis aan. Toen papa de deur opendeed begonnen er wel zestig mensen *Happy Birthday* te zingen. Ik keek rond en vond het toevallig dat hier ook iedereen in het wit was. Maar toen keek ik wat beter en zag Margit staan, toen zag ik ome Peter alles filmen boven op tafel en toen ik ook opa en oma opmerkte besefte ik dat er iets anders aan de hand was. Hier zouden we niet gaan wonen. En toen drongen de woorden van *Happy Birthday* pas tot me door. Is dit voor mij?! Is dit allemaal voor mij?!

Wat ik op dat moment voelde kan ik met geen woorden omschrijven. Dat iemand dit voor je doet, dat iemand je zo in het zonnetje wil zetten, dat is goud. En natuurlijk kreeg ik een brok in mijn keel toen ik iedereen van wie ik hou bij elkaar zag.

Na een uur lang iedereen gekust, geknuffeld en omhelsd te hebben kwam papa naar me toe, er was telefoon voor me. Ik herkende de stem aan de telefoon niet en vroeg me af wie me moest bellen, terwijl iedereen al hier was.

De stem aan de telefoon heet Corine, ze is mijn wensvervuller van Doe Een Wens. Weer stroomt de adrenaline door mijn lijf en verbaas ik me over het feit dat mijn lichaam er zoveel van kan aanmaken. Nadat ik haar verteld had dat ik de mooiste avond van mijn leven aan het beleven was, vertelde ze mij iets wat het echt de mooiste avond van mijn leven maakte. Ze gaat mijn wens vervullen, mijn allerliefste hartenwens. Mijn allerliefste hartenwens die je nu in je handen hebt.

Dankjewel papa voor al je begrip, gesprekken, liefde, wiskunde-uitleg en kookkunsten. Dankjewel mama voor al je zorg, warmte, liefde, gezelligheid en voor al die nachten dat je bij me was in het ziekenhuis. Dankjewel Ingrid omdat je papa's grote liefde bent. Dankjewel Frans, voor de lasagne. Dankjewel oma Poen, omdat ik weet dat u mijn beschermengeltje bent. Dankjewel Joella, mijn soort van grote zus. Dankjewel Anouk en Jeroen, dat jullie Snuf en mij bij elkaar brachten. En dankjewel lieve Snuf, omdat je zo goed kan knuffelen. Dankjewel tante Lia, voor die heerlijke weekenden, de warme band, die vele dagen dat je naast mijn ziekenhuisbed zat om samen met mij kleffe afhaalmaaltijden te eten en voor de brief naar de Doe Een Wens Stichting. En dankjewel Doe Een Wens, omdat het geweldig is dat jullie bestaan. Dankjewel Corine, omdat jij mijn wens vervuld hebt. Dankjewel ome Ad en Mitzi, voor de heerlijke vakantie die we dankzij jullie hadden. Dankjewel ome Peter, voor de leuke telefoontjes. Dankjewel Nienke, voor je lieve kusjes en knuffels. Dankjewel Margit, omdat je speciaal bent en omdat ik door jou al zoveel zin in later heb. Dankjewel Lieke, dat je bent wie je bent. Dankjewel Edward, voor je lieve woorden en je lieve armen. Dankjewel Ronald, dat ik door jou eventjes kon vergeten dat ik ziek was. Dankjewel Jan-Marie, voor de slappe lachen. Dankjewel Ellen en Birgit, voor de vele leuke kaarten. Dankjewel Tommie en z'n opa, voor de vrolijke ziekenhuisbezoeken. Dankjewel Kees en Leentje, voor het wekelijkse kaartje. Dankjewel Guus Meeuwis, voor de muzikale steun. Dankjewel dokter Beishuizen, omdat ik me geen lievere, betere dokter had kunnen wensen. Dankjewel Anke, mijn liefste verpleegster. Dankjewel Judith, dat je me hielp door te zetten. Dankjewel Kees en Marja, voor de gezelligheid. Dankjewel verpleegsters die mijn port a cach in één keer raak prikten. En dankjewel port a cach, voor het sparen van mijn aders. Dankjewel ambulancebroeders, dat jullie me naar het Sophia brachten. En dankjewel Sophia kinderziekenhuis in Rotterdam, gewoon omdat je bestaat. Dankjewel chemo dat je aansloeg. Dankjewel dexamethason, voor het vechten tegen de misselijkheid. Dankjewel dokter Van de Ven, omdat u ook zo baalde. Dankjewel dokter Nowak, de liefste professor-dokter. Dankjewel Kim, omdat je samen met mij genoot van de muziek tijdens de bestralingen.

Dankjewel Willem, dat je het maken van mijn masker wat aangenamer maakte. Dankjewel cliniclowns, voor het trainen van mijn lachspieren. En dankjewel pruik, voor de haat-liefdeverhouding. Dankjewel Coraldine, door jouw leuke ideeën ging de kuur altijd net iets sneller. Dankjewel dokter Van Engelen, omdat u altijd tijd voor me had. En dankjewel Parijs, voor de mooie dagen zonder zorgen. Dankjewel IMC, waardoor ik me iedere keer weer een stukje beter voelde. Dankjewel Carien, voor de mooie gesprekken. Dankjewel 28 juli, de dag die me hoop gaf. Dankjewel Lydia, meneer Doggen en meneer Hout, voor alles. Dankjewel meneer Stofmeel, dat u me trots kon laten voelen. Dankjewel meneer Buys en mevrouw Leijdekkers, door wie ik wiskunde snapte en bijna leuk ging vinden. Dankjewel iedereen die mijn rugzakje mogelijk maakten. Dankjewel Anja Coppens, die me mijn gevoel kon laten begrijpen. Dankjewel laptop, aan wie ik te allen tijden mijn verhaal kwijt kon. Dankjewel rolstoel, voor de hilarische momenten. Dankjewel wimpers, dat jullie weer gingen groeien. Dankjewel iedereen die ervoor gezorgd heeft dat ik vier plakboeken vol met kaarten, brieven en tekeningen heb.

Dankjewel 'Feestcomité', dat jullie mij de avond van mijn leven bezorgd hebben. Dankjewel iedereen die alleen eventjes belde om te vragen hoe het met me ging. En dankjewel iedereen die ik nog vergeten ben.

Dankjewel lieve allemaal.

Hé zon,
Kom maar op
Ik ben overal voor in
Kijken wie het langst kan stralen
En ik denk dat ik win

Ik ga niet zitten wachten tot geluk mij vindt
Ik wil graag vooraan staan als de show weer begint
Ik zal ze laten zien wat ik allemaal kan
Daar wordt mijn wereld beter van

Guus Meeuwis, Hé zon